虛白堂詩集

국립중앙도서관 출판예정도서목록(CIP)

허백당시집 : 시로 세상을 노래하다 / 성현 지음 ; 조순희 옮김.
--서울 : 한국고전번역원, 2017
p. ; cm. -- (한국고전선집)

한자를 한글로 번역
참고문헌과 연보수록
교육부로부터 인문학 진흥을 위한 저서출판지원을 받아 출간하였음
ISBN 978-89-284-0490-2 04080 : ₩12000
ISBN 978-89-284-0187-1 (세트) 04080

시문집[詩文集]
한문 문집[漢文文集]

810.819-KDC6
895.708-DDC23 CIP2017019364

허백당시집

성현 지음
조순희 옮김

한국고전번역원

한국고전선집을 펴내며

근대화, 산업화를 거치면서 멀어졌던 우리 고전이 근래에 들어 새롭게 독자들의 관심을 끌고 있습니다. 더 이상 우리의 것이기에 알아야 한다고, 우리 고전이기에 읽어야 한다고 강변하지 않아도 될 만큼 인식이 많이 변하였습니다.

그러나 우리 고전에 다가서기는 여전히 어렵습니다. 일단 지금은 쓰지 않는 한문이라는 장벽이 앞을 가로막습니다. 망망대해와 같은 방대한 양도 독자들의 선택을 방해하고 주눅이 들게 합니다.

선집은 그러한 장벽을 넘기 위한 사다리입니다. 광활한 바다에서 배를 인도해 줄 등대와 나침반이기도 합니다. 한 점의 고기만 먹어 보아도 그 솥 전체의 음식 맛이 어떤지를 알 수 있다는 말처럼, 잘 만들어진 번역 선집은 그 저자와 작품을 이해하는 훌륭한 길라잡이가 될 것입니다.

'한국고전선집' 시리즈는 저자의 방대한 저작 가운데 역사적, 현대적으로 의의가 있는 작품을 골라 그 인물의 삶과 사유의 흐름을 따라가거나 주제별로 분류해 엮은 고전 선집입니다. 학계의 연구 성과를 반영한 상세한 해설과 정확한 번역, 전문가의 감수를 거친 신뢰도 높은 판본으로서 청소년부터 일반 교양인에 이르기까지 누구나 쉽게 읽을 수 있습니다. 또한 사상, 철학, 문학, 과학, 역사 등 서종을 폭넓게 아우름으로써 독자들의 인성 함양과 통합적인 사고 형성에 기여하는 바가 클 것입니다.

한국고전번역원은 전신인 민족문화추진회 이래로 지난 수십 년 동안 한문으로 쓰인 수많은 우리 고전을 정리, 번역해 왔습니다. 학계는 물론이고 일반인에게도 많은 도움이 되었다는 것은 자타가 공인하고 있습니다. 한국고전번역원이 번역한 조선왕조실록이 한류의 원천이 된 드라마, 영화 등에 다양한 상상력을 제공한 것은 널리 알려진 사례입니다.

한국고전번역원이 기획하여 펴내는 '한국고전선집'에는 이런 경험과 전문성이 오롯이 담겨 있습니다. 오랜 경력을 지닌 국내 최고 수준의 전문가들이 선집 번역의 품질을 관리하여 가장 정확하고 유익한 책을 만들 것입니다.

고전은 언제나 우리 곁에 있었습니다. 먼지를 뒤집어쓰지도 않았고, 서고 속에 갇혀 있지도 않았습니다. 아무리 밝고 아름다운 달도 고개를 들어 쳐다보지 않으면 그 존재를 알 수 없듯이, 우리 곁에 있는 고전도 돌아보지 않으면 그 가치를 알 수 없습니다. 이 선집 시리즈가 여러분이 고전으로 돌린 시선을 계속 사로잡을 수 있으면 좋겠습니다.

한국고전선집 기획위원

| 차례 |

제2장

길 위에서 느끼다

제3장

벼슬길에서 읊다

제4장

풍자하고 비판하다

제5장

삶의 애환을 담다

제6장

사물을 노래하다

제7장

악부시를 쓰다

제8장
평가

성현은 누구인가

성현成俔 1439~1504 은 조선 전기의 관인官人 학자이다. 자는 경숙磬叔, 호는 용재慵齋·부휴자浮休子·허백당虛白堂·국오菊塢 등이며, 시호는 문대文戴이다. 본관은 창녕昌寧으로, 고려 말 조선 초에 많은 인물을 배출한 명문가의 자손이다. 고조는 고려 말 문하시중門下侍中을 지낸 창녕부원군昌寧府院君 성여완成汝完 1309~1397, 증조는 예조 판서를 지내고 의정부 좌찬성 창녕군昌寧君에 추증된 성석인成石因 ?~1414, 조부는 동지중추원사同知中樞院事 성엄成揜 1375~1434, 부친은 지중추부사知中樞府事 성염조成念祖 1398~1450이다. 모친은 순흥 안씨順興安氏로 문성공文成公 안향安珦의 후손이다. 부인은 한산 이씨韓山李氏로 목은牧隱 이색李穡의 현손녀이다.

성현은 1459년세조 5 진사시에 합격하고, 24세이던 1462년세조 8에 문과에 급제하여 벼슬길에 들어섰다. 이후 여러 관직을 거친 뒤 사간원 대사간, 성균관 대사성, 승정원 승지, 강원도와 평안도의 관찰사, 예조와 공조의 판서, 한성부 판윤, 사헌부 대사헌 등을 역임하고, 62세인 1500년 연산군 6에는 홍문관과 예문관 양관兩館의 대제학이 되어 한 시대의 문풍文風을 실질적으로 주도하였다.

34세이던 1472년 성종 3에 한훈질정관漢訓質正官이 되어 진하사進賀使에 임명된 형 성임成任 1421~1484을 따라 명나라에 다녀왔고, 그후 세 차례 사신使臣으로 중국에 파견되었다. 1504년 연산군 10 1월에 66세를 일기로 세상을 떠났으나, 그해 10월에 갑자사화가 일어나 과거 사헌부 대사헌으로 재직할 당시 왕실 부마의 관직 제수를 비판했다는 이유로 부관참시剖棺斬屍되었다. 이때 두 아들 성세형成世亨과 성세창成世昌 1481~1548도 곤장을 맞고 유배되었는데, 장남 성세형은 유배지에서 죽었다. 중종반정 후에 신원伸冤되어 의정부 좌찬성에 추증追贈되었고, '문대'라는 시호가 내려졌다.

성염조의 셋째 아들인 성현은 12세에 부친을 여의고 두 형 성임과 성간成侃 1427~1456의 영향하에 성장하였다. 특히 18세 연상인 큰형 성임은 이조 판서, 의정부 좌참찬을 역임한 인물로, 성현에게 부친과도 같은 존재였다. 성임과 성간은 모두 경사經史와 시문詩文 외에 잡예雜藝에 대한 재능도 겸비하였던 인물이다. 성임은 음률音律에 조예가 깊어 악학도감 제조樂學都監提調를 겸임하였고, 민간의 이야기를 모은 패관류稗官類의 서적을 섭렵하고 저술을 남기기도 하였다. 성간 역시 경사와 제자백가뿐 아니라 기예技藝, 음률, 복서卜筮 등에도 밝았으며, 패관 문학에도 깊은 관심을 보였다. 성현이 음률에 정통하여 악률樂律을 정리하고 『악학궤범樂學軌範』 등 음악 관련 서적 편찬을 주도한 일과 민간의 풍속, 문물제도, 역사, 지리, 문학, 음악, 서화 등 문화 전반을 다룬 필기 잡록 『용재총화慵齋叢話』를 저술한 일 등은 모두 두 형에게서 크게 영향을 받은 것이라고 한다.

성현은 현실 인식이 뚜렷한 진보적인 관료였다. 조선은 세종, 세조, 성종 대를 지나면서 통치 체제가 거의 완비되었으나, 15, 16세기로 접어들며 중세 사회가 지닌 구조적 모순이 드러나기 시작하였다. 왕실·훈구 세력·사찰의 토지 겸병, 관리·토호의 횡포와 수탈, 과중한 병역 부담, 기상 이변 등으로 농민들의 삶은 피폐해졌다. 성현은 지배층의 부조리, 사회 제도의 모순과 불합리로 인해 백성들이 고통받고 농민층이 몰락해 가는 당시 상황을 인식하고 있었다. 실록에 실린 그의 상소문에는 이러한 병폐를 개선하고자 하는 고심이 담겨 있으며, 사실주의 경향을 띤 많은 작품들에 부조리한 현실과 괴로움에 신음하는 백성들의 참담한 삶의 현장이 담겨 있다. 그는 최고 권력자인 국왕의 행동이나 정책에 대해서도 직언直言을 아끼지 않았으며, 넌지시 간하는 풍간諷諫의 기법으로 왕의 잘못을 지적한 작품들을 남기기도 하였다.

성현이 주로 활동한 15세기 후반은, 사장詞章을 중시한 관학파官學派와 경술經術을 중시한 사림파士林派가 서로 대립하고 견제하던 때이다. 조선 왕조의 개국을 도운 문벌가의 자제로서 일찍이 과거에 합격하여 벼슬길에 들어선 이래 오랜 기간 사장과 교육 관련 직임을 맡았던 성현은 관학파 관료로 분류된다. 하지만 그는 관학파의 노선을 견지하면서도 사장이나 경술 어느 한쪽만을 중시하는 편협성에 반대하였고, 김종직金宗直, 유호인兪好仁, 조위曺偉 등 사림파 인사들과도 폭넓게 교유하였다. 뒤에 좌의정과 대제학을 지낸 둘째 아들 성세창이 사림파 김굉필金宏弼에게 수학한 것도 이와 무관하지 않을 것이다. 성현은 당시 여러 문인들처럼 문학의 효용성을 강조하면서도 작품의 다양성과 작자의 개성 또한 중시했다.

성현은 24세에 문과에 합격하여 벼슬길에 들어선 뒤 발영시拔英試, 중시重試에 모두 합격하여 일찍부터 두각을 드러내었고, 이후 40여 년간 비교적 순탄한 관직 생활을 하였다. 승정원 승지로 재직하던 1481년에 영접도감 낭청 추천과 관련한 일로 동료들과 함께 파직되어 1년 정도 관직에서 물러나 있던 기간을 제외하면 평생 관직을 떠나지 않았다. 하지만 그가 역임한 직책은 주로 홍문관, 예문관, 성균관 등 사장 및 교육을 관장하는 관서이거나 예조 판서 및 장악원 제조 같은 예악禮樂과 관련된 자리로, 정치적인 역량을 발휘하거나 권력을 행사할 수 있는 직책과는 거리가 있었다. 따라서 그는 관인으로서 두드러진 치적을 남기지도 못하였고, 관리로서 크게 능력을 인정받지도 못하였다. 『연산군일기』에는 "관리로서 재간이 없고 현실에 어두워서 큰 공적을 세우지 못했다."라는 사관史官의 평가가 실려 있는데, 이는 권력이나 부귀를 지향하지 않은 그의 성품과 무관하지 않아 보인다. 성현은 자신에 대한 기록이라고 할 만한 「부휴자전浮休子傳」에서 스스로를 "진실하고 꾸밈이 없으며, 순수하고 근실하며 질박하고 곧다. 남에게 청탁하는 법이 없고, 권세가의 집을 찾지 않으며, 환영하거나 전송하는 술자리에 참석하지 않는다. 가족들의 생계에도 신경을 쓰지 않으며, 맛있는 음식과 좋은 의복을 얻었다 해서 흡족하게 여기지도 않고, 나쁜 옷을 입고 형편없는 음식을 먹는다 해서 못마땅하게 여기지도 않는다. 그렇지만 천성이 매우 부지런하여 경서經書와 사서史書 보기를 좋아한다."라고 당당히 술회한 바 있다.

명문가의 자제로서 일찍이 재능을 인정받아 순탄한 벼슬살이를 하였지만, 한 인간으로서의 삶은 기쁘고 행복하지만은 않았다. 12세의 어린 나이에 부친을 여의었고, 18세에는 둘째 형 성간의 상을 당하였다. 하지만 무엇보다도 견디기 어려웠던 슬픔은 두 아들과 딸의 죽음이었다. 평안도 임지에서 막내아들 세안世安이 죽었다는 소식을 들었고, 2년 뒤에는 장가가서 아들을 낳은 둘째 아들 세통世通 1471~1489이 역질疫疾에 걸려 19세의 나이로 죽는 일을 겪었다. 그 뒤에는 허연許衍에게 시집간 둘째 딸이 젖먹이를 두고 세상을 떠났으며, 60세가 되던 1498년에는 부인 한산 이씨도 세상을 떠났다. 또 강원도 관찰사로 재직할 때는 부친 같던 형 성임의 부고를 임지에서 접해야 했다.

자신도 평생 당뇨병으로 고생하였으며, 노년에는 중풍을 앓았다. 명문가의 자제로 유복한 환경에서 자랐지만, 외모는 유난히 못났고, 몸에는 이가 많아 그가 보던 책 속에는 말라비틀어진 이가 눌린 채 끼어 있었다고 한다. 술은 잘 못 마셨으나, 달 밝은 밤이면 머리를 풀어 헤친 채 거문고를 타며 음악에 심취하곤 하였다. 또 산수山水를 좋아하여 명승지라면 가보지 않은 곳이 없을 정도였다. 승정원에 재직하다 함께 파직된 채수蔡壽 1449~1515와 같이 신분을 숨긴 채 허름한 선비 복장으로 금강산 일대를 마음껏 유람하였던 일화는 후대까지 널리 회자되었다.

문장은 기상이 웅대하고 내용이 풍부하며, 글을 꾸미려 애쓰지 않았다고 평가된다. 시는 형식미를 추구하는 율시律詩보다 작자의 개성과 자연스러운 기상이 담긴 고시古詩를 중시하였다. 고시의 전범을 제시하기 위해 한위漢魏 시대부터 원元나라 말기까지의 고시를 모은 『풍소궤범風騷軌範』을 편찬하고, 자신의 악부시樂府詩를 『풍아록風雅錄』으로 엮은 것도 그러한 맥락에서였다. 시는 부조리한 제도와 관리들의 수탈에 시달리는 백성들의 생활상을 그려 낸 애민시愛民詩, 중국 사행使行과 개인적인 유람 및 지방관으로서의 관내 순행巡行 시 지은 기행시紀行詩, 민속을 소재로 한 국속시國俗詩, 고시에 대한 관심이 발현된 악부풍의 작품 등이 다수 남아 있다.

성현은 매우 방대한 저서와 편찬서를 남겼다. 『관광록觀光錄』은 34세 때인 1472년 성종 3 한훈질정관으로 큰형 성임을 따라 북경에 다녀오는 동안 수창酬唱한 시를 엮은 기행 시집인데, 현재는 전하지 않고, 서거정徐居正의 서문과 김종직金宗直의 발문만이 『사가집四佳集』과 『점필재집佔畢齋集』에 각각 수록되어 있을 뿐이다. 『풍소궤범』은 1484년 성종 15 성현의 주도하에 권건權健 등과 함께 편찬한 고시 선집으로, 역대 중국의 고시들을 집대성하여 분류한 것이다. 『악학궤범』은 장악원에 있는 의궤儀軌와 악보樂譜를 교정하여 바로잡은 것으로,

1493년 성종 24 왕명에 의해 유자광柳子光 1439~1512 등과 함께 편찬한 음악서이다. 이는 음악 이론과 악기 진설陳設 방법, 정재呈才의 춤사위와 절차 등 제향, 조회, 연회에서 음악을 연주할 때 필요한 사항들이 망라된 책이다. 『용재총화』는 고려 때부터 조선 성종 때까지 왕족, 사대부, 문인, 서화가, 음악가 등의 인물 일화와 풍속, 지리, 제도, 음악, 문화, 설화 등을 수록한 필기류 저서이다. 그리고 그의 문집인 『허백당집虛白堂集』과 부휴자浮休子라는 가상의 인물을 통해 사회 문제에 대해 담론을 펼친 『부휴자담론浮休子談論』도 지금까지 전한다. 왕명으로 1500년 연산군 6에 홍귀달洪貴達 1438~1504 등과 함께 편찬한 『역대명감歷代明鑑』과 같은 해 12월에 지어 올린 『역대제왕시문잡저歷代帝王詩文雜著』는 현재 전하지 않는다. 이 밖에도 『주의패설奏議稗說』, 『금낭행적錦囊行跡』, 『상유비람桑榆備覽』, 미처 탈고하지 못한 『경륜대궤經綸大軌』 등의 저서가 있었다고 하나 아쉽게도 현재는 전하지 않는다.

이 선집은 『허백당집』에 수록된 시와 악부시 중에서 성현의 문학 세계와 사상, 생애를 살펴보기에 적합한 작품들을 선별한 것이다. 작품 수가 많지 않지만, 이 책이 성현이라는 인물의 사상과 문학 세계, 그리고 그가 살았던 시대를 이해하는 데 조금이라도 도움이 되기를 바란다. 조선 전기 관학파 문인을 대표하는 그의 해박한 식견과 독창적인 문학론, 인생관이 담긴 산문 작품들은 이 책에서 다루지 못했다. 선집이라는 작은 그릇에 많은 주제와 다양한 문체의 작품을 모두 담기 어려웠던 점을 혜량해 주기 바란다.

제 1 장

민생을 걱정하다

성현이 주로 활동한 15세기 후반은 조선 개국 후 국가 통치 체제가 정비된 때였지만, 중세 사회의 구조적 모순으로 인해 백성들의 삶은 여전히 힘겨웠다. 성현은 사회 곳곳에 존재하는 부조리와 모순을 비판적으로 바라보고, 민생의 고된 삶을 누구보다 안타까워하였다. 지배층 관료로서, 지식인의 한 사람으로서 사회 병폐와 백성의 고통을 사실적으로 다룬 시들을 통해 그의 애민愛民 의식을 살펴볼 수 있다.

누에 치는 여인
蠶婦歎

뾰족뾰족 여린 뽕잎 어여쁘게 돋을 무렵	桑葉尖新綠初美
창 앞에서 젊은 아낙 개미누에 쓸어 주니	晴窓少婦掃玄蟻
꼬물꼬물 처음에는 없는 듯이 보이다가	蠉蠉初生若有亡
순식간에 석 잠 자고 성충으로 변하였네	倏忽三眠已成就
밤에 뽕잎 먹을 때는 비바람 소리 나고	夜來食葉風雨聲
천 장 만 장 누에 채반 얼기설기 꽂혔는데	千箔萬箔更縱横
애써 지은 고치라서 고치가 더욱 크고	苦心作繭繭愈大
황백색의 고운 빛깔 눈이 부실 정도라네	黃白奪目光熒熒
평상에서 종일토록 물레 돌려 실 자으니	牀頭終日鳴繅車
어느샌가 동이 속에 새벽별이 반짝반짝	曙星出沒盆中波
비단을 짜 옷 지으니 구름 문양 산뜻하나	織得成衣雲錦新
한순간에 가져다가 타인에게 바치는데	一朝捲却輸他人
부잣집 자제는 이런 고생 모르는 채	豪兒不知此間苦
화려한 비단옷을 몸에 감고 으스대네	共將羅綺誇諸身
누에 치는 집에만 이런 일이 있겠는가	不獨蠶家有此事
세상의 모든 일이 대부분 그러하니	世間萬事亦如此

약한 자는 강자에게 먹히는 게 다반사요　　弱者多爲强所食
작은 것은 큰 것에 부림받게 되어 있네　　小者亦爲大所使

성현이 28세이던 1466년 세조 12 무렵에 지은 고시古詩이다. 이해에 성현은 발영시拔英試에 합격하고 예문관봉교 겸 승문원박사로 임명되었다. 시는 누에 치는 아낙네의 힘겨운 삶을 주제로 하였다. 봄이 오면 누에씨를 받아다 누에를 치고, 누에고치를 켜서 비단을 짜는 여인. 누에가 쑥쑥 크는 즐거움으로 힘든 줄도 모른 채 뽕잎을 따다 먹이고, 누에가 고치를 지으면 명주실을 뽑아 밤잠을 쫓아 가며 고운 비단을 짠다. 하지만 그 비단은 대부분 조세로 관청에 바쳐야 하고, 남은 것도 부호들의 손에 들어간다. 정작 누에 치고 비단을 짜느라 고생한 당사자는 고운 비단옷을 한 번도 입어 보지 못하는 게 현실이다. 성현은 이런 현실을 누에 치는 여인만 겪는 일은 아니라고 하였다. 노동을 하는 자와 그 노동의 기쁨을 누리는 자가 다른 모순된 현실에 문제를 제기한 것이다. 이름난 문벌가의 자제로 뛰어난 문재文才를 인정받아 비교적 평탄한 벼슬살이를 하였지만, 그의 글 곳곳에는 가난 속에 힘겹게 살아가는 백성들을 향한 애틋한 시선이 배어 있다.

솜 타는 여인
木綿詞

강남 지역 목면은 빛깔이 더욱 희어	江南木綿色逾白
하얀 눈이 대자리를 온통 덮은 것 같은데	晴雪紛紛鋪簟席
작은 물레 흔들리며 삐걱삐걱 소리 내고	小機搖作鴉櫓聲
솜활에선 구름처럼 얇은 솜을 뱉어 내네	軟弧彈罷秋雲薄
이웃집 아낙네가 밤늦도록 솜을 타니	東隣有婦坐夜闌
솜먼지가 흩날려서 하얗게 머리 덮고	風回粉絮縈烏鬢
베틀에서 재촉하여 새로 베를 짜노라면	織成新布機杼促
찰칵찰칵 북 놀릴 때 손가락이 시려 오네	札札輕梭玉指寒
절반은 바지 지어 아이에게 입히고	半擬新袴與小兒
절반은 솜옷 지어 변방으로 보내야 해	半作寒衣托邊郵
마음 졸여 일하느라 잠 한숨도 못 잘 적에	心酸意苦眠不得
등불 하나 깜빡깜빡 휘장에 비치누나	孤燈閃閃明羅幃

앞 시와 같은 시기의 작품이다. 겨울밤 아낙네는 솜을 타느라 머리에 하얗게 솜이 내려앉아 있다. 시린 손을 불어 가며 밤새 베틀 앞

에 앉아 베를 짠다. 헐벗은 아이에게 바지를 지어 주고, 멀리 국경을 지키느라 동원된 남편에게도 솜옷을 지어 보내야 하기 때문이다. 창밖에는 겨울바람이 요란스럽게 불고, 방 안에는 희미한 등불만 깜빡거린다. 잠을 쫓아 가며 밤새워 베를 짜는 아낙네는 고단한 삶을 견뎌 내는 일반 백성들의 모습을 대변한다.

시국을 걱정하다
遣悶

농부가 부지런히 농사지으면 農夫勤稼穡
내가 먼저 배부르게 곡식을 먹고 我先享其利
장인들이 고생해서 물건 만들면 市肆勞百工
내가 먼저 가져다가 편하게 쓰며 我先用其器
병사들이 변방을 튼튼히 지켜 武夫守關塞
내가 사는 터전을 보전해 왔네 以我保田里
나는 그저 세 치 혀만 가지고 只將三寸舌
온갖 기교 다 부려 글이나 짓고 琱鎪弄文字
아침이면 대궐에 나아갔다가 朝上白玉堂
저녁이면 서산으로 물러 나와서 暮退西山址
시원한 바람 부는 넓은 집에서 淸風大廈間
날마다 배부르게 먹고 지내네 飽食日無事

서쪽의 이웃에서 나는 통곡은 西隣有人哭
부부가 영결하게 되어서이고 夫婦相永訣
동쪽의 이웃에서 나는 통곡은 東里有人哭

모자가 헤어짐을 슬퍼하는 것	母子哭離別
남아는 세상 위해 일해야 하니	男兒志四方
출정 出征 은 근심할 바 아니지마는	征役非所恤
가여워라 남아 있는 아낙네들은	哀此婦人輩
어떻게 빈방 홀로 지켜 갈는지	何以守空室
가거들랑 노력하여 성공해야지	努力往成功
나랏일을 소홀히 해선 안 되네	王事不可忽
바람을 맞으면서 전송하자니	臨風送行塵
새들도 목이 멘 듯 슬피 우누나	禽鳥亦嗚咽

도성의 창고 열어 곡식 실어다	發我長安倉
우리 군대 목숨을 구제하느라	往濟三軍命
사방의 들판 날로 소란스럽고	四郊日嚣嚣
수레 몰아 가파른 비탈 오르네	驅車上雲磴
험준한 봉우리를 넘기도 하고	高者凌嶇峯
깊숙한 진흙탕에 빠지기도 해	下者陷泥濘
소는 발굽 빠지는 고통을 겪고	牛苦脫四蹄
사람은 배탈이 나 고생을 하네	人得河魚病
한 발 한 발 앞으로 나아가지만	寸寸向前去
가려 해도 길이 험해 나자빠지니	欲行還蹭蹬
어찌하면 편리한 수레를 구해	安得木作牛

험준한 오솔길을 지나게 할까 歷盡崔嵬徑

1467년 세조 13 이시애李施愛의 난 때 지은 시로, 당시 성현은 29세였다. 전체 다섯 수 중에서 제2, 4, 5수를 뽑았다. 나라가 혼란에 빠졌을 때 가장 고통스러운 이는 가난하고 힘없는 백성들이다. 평소 땀 흘리며 농사를 짓고 물건을 만들고 부역에 동원되어 일하지만, 그 혜택은 권세가, 부호, 벼슬아치, 지식인 등 소위 지배층에게 돌아간다. 그러나 외세의 침략이 있거나 내란이 발생했을 때 전쟁터에 동원되어 피 흘리며 싸우는 사람은 백성들이다. 이시애의 난으로 나라가 혼란에 휩싸이자 부모 자식이 생이별을 하고 남편과 아내가 사별하는 슬픔을 겪어야 했다. 홀로 남아 집을 지키고 집안 살림을 꾸려 가야 할 여인들이나 전쟁터에 동원되어 목숨 바쳐 싸워야 할 남성들이나 가엾기는 마찬가지다.

마지막 수에서는 전쟁 통에 한양에서 멀리 함경도까지 군량과 군수품을 운송하는 사람들이 겪는 고역을 그려 냈다. 곡식 실은 달구지를 끌고 험한 산을 넘고 진창을 지나가느라 사람도 소도 지쳐 꼬꾸라진다. 지식인의 한 사람으로서, 전쟁 통에 백성들이 겪는 참상을 바라보며 느낀 안타깝고 미안한 마음을 이렇게 시로 써서 표현한 것이다.

호랑이에 참변당한 시어머니

猛虎行

옆 마을에 노파가 살고 있으니	北里有老姑
나이가 예순일곱 살이라는데	自言六十七
아들과 며느리의 봉양받으며	一男復一婦
손자를 늘 무릎에 끼고 있었네	有孫常據膝
아들은 아비 산소 살피러 가고	男歸上父塚
시어미와 며느리가 집에 있을 때	母婦同一室
서산에서 내려온 사나운 범이	西山有猛虎
저 멀리서 안광을 번뜩이면서	眼光百步溢
울타리 밖에 와서 포효하더니	咆哮傍籬外
순식간에 집 안으로 뛰어들었네	倏爾捲蓬蓽
시어미가 자다가 해를 입으니	姑睡忽遭噬
며느리는 놀라 깨어 낫을 찾았네	婦起驚索銍
어찌해야 할지 몰라 허둥대다가	懞然不自知
홀연히 시어미를 잃게 됐는데	恩愛忽相失
산머리엔 달조차 뜨지 않아서	山頭無月輝
긴긴 밤이 칠흑처럼 깜깜하였네	長夜黑如漆

날이 밝자 이웃들이 모여들어서	平明隣里集
두려워 떨며 서로 돌아보고는	相顧股先慄
범의 종적 찾으려고 무리를 지어	群行尋厥蹤
구름 덮인 먼 산으로 올라갔다네	遠陟雲山窟
며느리는 길옆에서 통곡을 하고	婦歸傍路啼
숲에 부는 바람 또한 슬픈 듯한데	林風亦悽溧
붉은 피가 여기저기 뿌려져 있고	頸血迸殷紅
숲은 더욱 무성하고 빽빽하였네	林藪更蒙密
비통함에 휩싸여서 유골을 싸니	酸然裹遺骨
가엽게도 한 인생이 끝나 버렸네	咄咄人生畢
뜨는 해도 추위에 빛을 잃었고	初日寒無光
산새들만 시끄럽게 울어 대는데	禽鳥總啾喞
내가 이때 방 안에 앉아 있다가	我時深閉戶
천천히 지팡이를 들고 나갔네	稍稍杖藜出
사람들은 진산에 불을 지르면	共道鎭山焦
성황신이 꾸짖는다 모두 말하고	城隍所呵叱
우리 임금 지나치게 인자하시어	湯仁方祝網
악한 짐승 달아날까 걱정스럽네	惡物或狘獝
호소해도 하늘은 듣지 못하고	有訴天不聞
간절한 바람 신이 몰라주시니	有衷神不恤
이 일을 어찌하면 좋단 말인가	嗟哉竟何爲

하늘의 뜻 아득하여 알기 어렵네 茫茫理難詰

32세이던 1470년 성종 1 에 지은 작품으로, 집에서 잠을 자다 호환을 당한 시어머니와 그 며느리를 주제로 한 시이다. 이때 성현은 모친상을 당해 관직에서 물러나 서울 집과 산소, 농지가 있는 충청도 옥천沃川 등지를 오가며 지내고 있었다. 상중이기는 하지만 벼슬살이에 매이지 않아 민간 백성들의 삶을 더 가까이에서 살필 수 있는 때였다. 지금이야 전래 동화에서나 볼 수 있는 호환虎患이지만, 조선 후기까지도 한양에 호환이 자주 발생하여 군영軍營의 포수들을 동원하여 호랑이 포획 작전을 펴는 일도 많았다.

상중이라 집에만 있던 성현은 호환이 있었다는 소식을 듣고 지팡이를 짚고 집을 나선다. 산에 불을 질러 호랑이를 잡으면 좋겠지만 사람들은 각 고을을 지켜 주고 보호해 주는 진산에 불을 놓으면 성황신이 노한다고 하니 그럴 수도 없다. 게다가 조정에서 호랑이를 소탕하려는 적극적인 의지가 있는지도 의문스럽다. 탕湯 임금이 한 방향으로만 그물을 쳐 놓고 "달아나기 싫은 새들만 이 그물에 걸리거라."라고 기원했다는 고사를 인용한 것은 그런 심중을 완곡하게 표현한 것이다. 외면할 수 없는 백성들의 고통 앞에서 무력감을 느끼는 시인의 모습이 잘 드러나 있다.

궁벽한 산골에서

窮村詞

검은 구름 짙게 끼고 북풍은 사나운데　　玄雲承空朔風怒
시냇가의 나무를 딱딱 쪼는 딱따구리　　彩鴷啄啄溪邊樹
산 아래 달팽이 집처럼 작은 초가집에　　山下茅廬小縮蝸
세 아들과 늙은 부모 함께 살고 있다네　　三男兩老同家住
큰아들은 도끼 메고 땔나무를 하러 가고　　一男荷斧擣薪蒸
둘째는 토끼 쫓아 산등성이 넘어가고　　一男跡兔踰丘陵
막내 놈은 울어 대며 밥 달라고 떼를 쓰고　　最少一男啼索飯
할멈은 버선 깁고 할아범은 새끼 꼬네　　姑坐補襪翁陶繩
땔감이 충분하니 방바닥엔 온기 돌고　　土榻微溫煙火足
질솥에는 부글부글 콩죽이 끓고 있네　　瓦釜融融泣豆粥
소는 울며 콩 여물 씹고 닭은 홰에 앉았는데　　牛鳴齕萁鷄在櫟
흉년이라 가축들도 궁색하긴 한가지네　　人物凶年生理拙
막내 아이 옷 당기자 머리 쓰다듬으면서　　兒牽翁衣翁撫頂
문을 나서 흰 눈 덮인 산을 함께 바라보네　　出門同看滿山雪

궁벽한 시골 마을 백성들의 곤궁한 삶을 그린 시이다. 앞 시와 마찬가지로 1470년경 지은 작품으로 보인다. 가난한 살림살이에 흉년까지 겹쳐 하루하루를 힘겹게 살아가는 늙은 부부와 세 아들. 큰아들은 나무하러 가고, 둘째 아들은 눈 덮인 산에 토끼잡이를 나갔는데, 어린 막내아들은 배고프다고 울며 밥을 찾는다. 흉년에 연명하는 일조차 녹록지 않지만, 그래도 그들은 군불을 지필 나무가 있고 멀건 콩죽이라도 먹을 수 있는 것을 다행으로 여긴다. 보채는 막내아들의 머리를 쓰다듬으며 사립문 밖으로 나가 눈 덮인 산을 바라보는 노인의 모습이 한 폭의 그림처럼 펼쳐진다. "둘째 형이 곧 토끼를 잡아 올 테니 기다리자."라며 막내아들을 달랬을 것 같다. 담담한 필치로 묘사한 글에서 힘겹게 삶을 꾸려 가는 백성들을 안쓰럽게 바라보는 작가의 시선이 느껴진다.

양천 농장에 들러

到陽川別業

한강의 서쪽 머리 오 리 남짓 되는 지점　　江水西頭五里餘
황량한 언덕 밑에 작은 초가 하나 있네　　荒丘斷處有茅廬
자갈밭의 메밀은 이제 겨우 잎이 돋고　　磽田蕎麥初生葉
마른 도랑 바닥에는 물고기도 안 보이네　　枯瀆泥沙未産魚
조세 바칠 곡식조차 마련하지 못했으니　　無物可堪充國稅
채소로만 겨울날을 어찌 대비하겠는가　　有蔬焉用備冬儲
노복이 훌쩍대며 살아가기 어렵다며　　癡奴抆淚言難駐
먹고살 길 찾아서 어디든지 가련다네　　餬口吾將縱所如

43세이던 1481년 성종 12의 작품이다. 승정원에서 재직하던 성현은 그해 4월에 사신을 맞이하는 영접도감 낭청 추천이 공정하지 못했다는 이유로 동료 승지들과 함께 파직되었다. 그는 곧바로 함께 파직된 채수와 강원도 일대 및 금강산을 유람하고 돌아와서 농장이 있는 양천으로 향하였다. 벼슬을 잃어 녹봉이 끊겼어도 앞으로 이곳 농지에서 나오는 얼마간의 소출로 먹고살 수 있으리라 여겼으나, 극심한 가뭄 탓에 수확이 거의 없어 조세를 충당하기도 어려운 형편임을 곧 깨달았다. 노복은 여기 있다가는 굶어 죽게 생겼다며 어디든 입에 풀칠이라도 할 곳을 찾아 떠나야겠다고 말한다. 고향을 떠나 유랑하려 하는 그의 처지가 무척이나 안쓰럽지만, 성현 자신도 그의 생계를 온전히 책임지겠다고 나설 형편이 못 되었다. 기댈 곳 없는 사람이 삶의 터전을 버리고 떠나야 할 지경인데도 신분도 높고 더 많이 누리며 살아온 사람으로서 대책을 내놓을 수 없는 현실이 갑갑하게 느껴졌을 것이다.

아버님 산소가 있는 파주에 들러

向坡山別墅

내가 옛날 전원에서 지냈던 날이 　　我昔在田園
꼽아 보니 어느새 삼십여 년 전 　　屈指三十年
아이 적에 가서 글을 읽었던 곳엔 　　兒時讀書處
나무들이 하늘까지 치솟았어라 　　樹木今參天
재배하고 묘역을 돌아보자니 　　再拜循塋域
묵은 풀이 무성하게 뒤덮여 있네 　　宿草荒芊芊
자식 되어 효도를 다 못한 데다가 　　爲子未盡孝
나라 위해 충성도 하지 못한 채 　　爲忠又未全
포의로 옛 고을에 돌아온지라 　　布衣還故里
와서 채찍 잡아 주는 사람 없구나 　　無人來執鞭
지하의 영령께서 이를 아시면 　　九原如有知
슬퍼하며 가엽게 여기시리라 　　惻愴應垂憐

농부가 하는 말을 들어 봤더니 　　我聞田父言
살길이 너무나도 막막하다네 　　生利不可說
밭 있어도 작물이 다 시들었으니 　　有田盡憔悴

무엇으로 집안 살림 꾸려 가리오　何以保家室
들에 가서 털여뀌를 거두어 오고　適野捲紅草
산에 올라 도톨밤을 주워서 오면　登山拾橡栗
가을에야 목숨 지탱하겠지마는　當秋尙保生
눈 쌓이면 그마저도 할 수 없다오　雪深難可活
말하면서 주르륵 눈물 떨구어　言隨涕自零
다 듣고는 한참 동안 탄식하지만　聽終久吁咄
내 몸조차 돌보지 못할 처지니　我躬尙不閱
네 굶주림 걱정할 겨를 있으랴　遑恤汝飢渴

어린 시절의 추억이 남아 있는 시골집을 찾아 부모님과 함께 지낸 옛일을 회상하며 성묘를 하였다. 파직되어 포의布衣 차림으로 돌아온 자신의 모습을 보니 불효자가 된 것만 같아 죄책감이 앞선다. 마부도 없이 초라한 행색으로 고향에 온 걸 아신다면 부모님의 혼령이 얼마나 측은해하실까 하는 생각이 들어서이다.

또한 극심한 흉년으로 생계를 꾸려 갈 방도가 없다며 울먹이는 소작인의 곤란한 사정은 성현의 마음을 더욱 어둡게 만든다. 가을에는 산과 들로 돌아다니며 풀을 뜯고 도톨밤을 주워 목숨이라도 부지할 수 있지만, 눈이 덮인 겨울에는 어떻게 살아갈지 막막하기만 하다는 것이다. 그러나 성현 역시 제 몸 하나 제대로 건사하지 못하는 형편이니, 저 가련한 백성들을 어찌해야 할지 모르겠다. 곤궁한 형세에 내몰린 농민의 삶을 그저 바라볼 수밖에 없는 지식인의 고뇌가 느껴진다.

봄장마

春霖

가을에 흙비 온단 말은 들어 보았지만	吾聞秋雨生霾陰
봄비가 사흘 연속 내리는 건 못 보았네	未見青春三日霖
봄 풍광은 어느새 다 지나가려 하건마는	年華冉冉已衰謝
봄날의 아름다운 흥취라곤 볼 수 없네	一春佳興何沈沈
밭갈이할 만큼만 내려 주면 족할 텐데	耕田只得一犂足
도랑에 넘치는 물 어디에다 쓰겠는가	安用波流滿溝瀆
고른 은택 입기는 어렵게 되었으니	普施膏澤勢已難
가뭄 홍수 번갈아 닥쳐올까 걱정이네	旱乾水溢互盈縮
하느님께 바라노니 이 비를 아꼈다가	我願天公要斟酌
여름 들에 흠뻑 뿌려 무더위 식혀 주오	霑灑夏疇洗炎溽

1482년 성종 13 봄에 지은 시이다. 한창 꽃이 아름답게 피어야 할 봄날에 며칠째 계속해서 비가 쏟아지고 있다. 화사한 봄날의 정취를 느낄 수 없어 아쉽다가도, 한편 그런 생각을 하는 것조차 미안해진다. 봄에 때아닌 장맛비가 내리다가 정작 비가 와야 할 때에 가뭄이라도

들면 어쩌나 걱정이 앞선다. 봄부터 쉬지 않고 농사를 지어야만 굶주리지 않고 한 해를 날 수 있는 것이 가난한 백성들이다. 하늘이 백성들을 굽어살펴 한 해 내내 농사에 알맞은 비를 고르게 내려 주기 바라는 마음이 간절하다.

벌목하는 백성들

伐木行

살을 에는 찬바람에 하늘에는 짙은 구름　寒風慘慘陰雲凝
모든 산과 골짜기는 얼음으로 덮였는데　千巖萬壑皆明氷
한겨울에 쌓인 눈이 언덕보다 더 높아서　嚴冬積雪高於陵
새들조차 넘어가기 어려워 시름하네　飛鳥欲過愁難乘
산속의 오두막이 달팽이와 흡사하니　山間籬落蝸縮殼
산촌 사람 사는 모습 어찌 그리 곤궁한지　山人生理何蕭索
여라 넝쿨 걷어다가 얼기설기 문을 깁고　行牽蘿蔓補牕牖
도톨밤을 주워다가 허기진 배 채우누나　飢拾橡栗當大嚼
아전들이 성화같이 재촉하며 몰아대자　里胥驅出星火催
서로 끌고 당기면서 높은 산에 오르는데　男扶女挽登崔嵬
너덜너덜 꿰맨 옷이 정강이도 못 가리니　懸鶉百結不掩脛
언 손가락 끊어지고 얼굴은 잿빛이네　手龜指落顏如灰
너도나도 관에 바칠 큰 재목을 구하느라　爭求大材不中用
나무 베는 도끼 소리 마른날에 천둥 치듯　丁丁聲振晴雷動
채찍질과 매질로 호된 독촉 받으면서　鞭笞敲扑多督責
웃통 벗고 힘을 다해 큰 나무를 옮기느라　呼爺袒裼丘山重

소와 말은 쓰러지고 사람도 탈진하니　　牛疲馬斃人力勞
누가 쟁기 들고 나가 봄 언덕을 갈겠는가　　誰能秉耒耕春皐
내가 왕의 교화 펴는 관찰사로 있으면서　　我爲棠陰宣化者
직접 보지 못하고서 가슴만 졸이누나　　目不親睹心忉忉
오색구름 감싼 대궐 너무도 아득하니　　茫茫五雲隔楓宸
성상께서 백성들의 고통을 어찌 알까　　豈知民物多艱辛
큰 붓으로 이런 현실 생생하게 그려 내어　　愧無巨筆編作圖
임금님께 올리지 못하는 게 부끄럽네　　永爲鄭俠之罪人

1483년성종 14 겨울 강원도 관찰사로 재직할 당시 지은 시이다. 강원도는 자연 경관이 아름답기로 유명하여, 글줄이나 하는 벼슬아치나 선비라면 모두 관동關東의 산세에 감탄하고 경치를 노래하곤 했다. 하지만 관찰사로 부임 와서 살펴보니, 이 지역 백성들이 겪는 고초는 이만저만이 아니었다. 산이 깊고 나무가 많아 국가에서 쓸 대부분의 목재를 강원도에서 조달하기 때문에 자연히 이곳 백성들은 겨울이면 벌목하는 노역에 동원되곤 하였다. 가난 속에 근근이 살아가는 산촌 백성들이 매서운 추위가 몰아치는 겨울 산에서 큰 재목을 자르고 운반하느라 고역을 치러야 했다. 제대로 입지도 먹지도 못한 백성들이 가혹한 채찍질을 당하며 고된 노역에 시달리다가 쓰러지는 사태가 속출했던 것이다. 백성들이 이 지경에 내몰리는데도 조정에서 이러한 실상을 알지 못하고, 시인 또한 명색이 관찰사가 되어 이러한 문제를 해결하지 못하는 것이 한스럽고 부끄럽다. 『성종실록』에는 성현이 강원도 관찰사로 임명된 직후 목재를 조달하기 어렵다는 이유로 각 관사의 수리 일정을 조정하도록 건의하여 관철한 일이 기록되어 있다. 근본적인 해결책은 아니지만, 백성들의 고충이 그만큼 심각함을 파악하고 이를 개선하고자 노력한 결과라 하겠다.

봄 가뭄
春旱

행여 비가 오려는지 구름이 하늘 덮고	其雨其雨雲埋空
때때로 빗방울이 떨어지나 싶더니	有時亂點飄空濛
바람 신이 심술궂게 비 귀신을 잡아 가둬	飛廉騁怪鎖豐隆
해상이 맑아지고 서늘한 바람 부네	海上慘惔吹涼風
아침마다 원망스레 바다를 바라보면	朝朝側目滄溟中
구름 사이 선홍빛의 해가 붉게 내리쬐니	雲間日色射血紅
거북 등이 불에 탄 듯 논밭은 갈라지고	田龜盡拆如遭烘
벼 포기와 보리 이삭 모두 바싹 말랐어라	秧針麥穗皆枯叢
조정에서 곡식 내어 기민 구휼 않으니	朝廷閉糴不周窮
백성이 무슨 죄로 이런 고통 받는 건가	萬姓何辜成疲癃
작년에도 바닷가에 풍년 든 곳 적었는데	去年海曲少稔豐
금년에는 푸성귀도 맘껏 먹지 못하니	今年蔬藿常不充
아무리 의술 좋은 의원이 있다 한들	倉公扁鵲術雖工
약이 없이 무슨 수로 병을 낫게 하겠는가	無藥何以收奇功
관찰사로 재직하며 항상 한 몸 안 돌보고	我爲民吏恒匪躬
백성들의 고통을 내 아픔처럼 여기노니	視民疾苦如己痌

이내 충정 임금님께 진달하고 싶지마는　　願寫微衷達四聰
구중궁궐 깊고 멀어 통하기가 어렵구나　　天門九重邈難通
일 년 내내 말을 타고 동분서주해 보지만　　一年鞍馬走西東
조금도 효험 없어 가슴이 탈 뿐이네　　訖無寸效心忡忡

강원도 지역에 극심한 가뭄이 들었다. 강원도는 그렇잖아도 대부분이 산촌 지역이라 먹을거리가 풍족하지 않은데, 극심한 가뭄까지 들어서 심어 놓은 벼는 말라 버리고 수확할 때가 가까워진 보리 이삭도 다 타들어 가고 있다. 아침마다 간절한 마음으로 하늘을 바라보지만 비가 올 기미는 없고 붉은 해만 이글거린다. 한 지역을 책임진 관찰사로서 자신의 몸을 돌보지 않고 동분서주하지만 별다른 효과가 없으니, 갈라지는 논밭처럼 가슴만 바짝바짝 탈 뿐이다. '백성들의 고통을 내 몸의 아픔처럼 여긴다.'는 그의 말이 미사여구로 들리지 않는다. 지방 재정으로는 해결할 길이 없어 조정에서 구휼 정책을 실시해 주기만을 기다리는데, 이처럼 심각한 재해 상황을 임금께서는 알고나 계시는 건지 아무 소식이 없으니 답답하기만 하다.

원주에서 단비를 만나 기뻐하다

到原州 逢喜雨

하늘 위로 솟아 있는 험준한 치악산이	雉嶽龍鍾揷太虛
구름과 비를 빚어 들판에 뿌려 대니	興雲釀雨灑郊墟
어느새 냇물 불어 골목길에 넘쳐 나고	暗添溪水來穿巷
빗발이 들이쳐서 책장을 적시누나	飛入簾帷潤透書
보리밭에 흠뻑 내려 시든 보리 살려 내고	霈澤萬家蘇槁麥
채마밭의 먼지 씻어 좋은 채소 나오리라	洗塵千圃發嘉蔬
백성의 삶 걱정하는 직책을 맡고 있어	此身已任憂民寄
객지에서 시름하던 얼굴 반쯤 펴지네	客裏愁眉一半舒

경내를 순행하던 중에 애태우며 기다리던 단비를 만났다. 이제 말라 가던 들판에서 보리가 소생하고, 먼지만 풀풀 나던 채마밭에서 싱싱한 채소가 자랄 것이다. 백성들도 굶주림을 조금은 면하게 될 것 같아 근심으로 주름진 얼굴이 펴진다. 백성들과 늘 접촉하며 그들의 고충을 보살펴야 하는 관찰사라는 직책의 무게가 느껴진다.

적교에서 수해 입은 논밭을 돌아보며 안타까워하다
憩狄橋亭 傷田畝被災

홍수가 도도하게 여러 날 계속되어	洪水滔滔久戰鏖
큰 들판과 긴 다리가 모두 물에 잠겼어라	雄呑大野沒長橋
마을을 쓸고 가서 인명 가축 피해 입고	猛穿籬落傷人物
전답까지 넘쳐 나서 농작물이 손상됐네	遠漲田疇害穀苗
산나물을 캐느라고 백성들은 고달픈데	爭拾山蔬民正苦
구황 정책 펴려 해도 관리는 막막하네	欲行荒政吏無聊
가뭄 홍수 겪는 것은 고금이 한가지니	天災旱潦今猶古
우리 왕의 근심 걱정 요 임금과 같으리라	聖主憂勤類帝堯

평안도 관찰사로 재직하던 1487년 성종 18에 지은 시로, 평안도 지역이 큰 홍수를 당한 상황을 기록한 것이다. 적교狄橋는 평양 관아에서 서쪽 30리 지점의 큰길에 있던 다리로, 광제교廣濟橋라고 부르기도 하였다. 적교에서 바라본 평양 부근 들판의 홍수 피해는 참담할 정도였다. 농지가 물에 잠기고 농작물이 떠내려가서 백성들은 산나물로 연명해야 할 형편인데, 관찰사로서 구황 정책을 펴려 해도 적절한 대

책이 없어 막막해하는 심정이 드러난다. 앞서 성현이 평안도에 부임한 1486년에 조정에서 평안도 지역에 양전量田을 실시하였는데, 성현은 백성들에게 부담이 과중하다는 이유로 중지할 것을 요청하였다. 그러나 그의 요청은 결국 받아들여지지 않았으니, 정책을 펴려 해도 막막하기만 하다는 말의 의미를 알 수 있다.

수해 입은 지역에 또 비가 내리다

循審農畝 南至石串遇雨

강 옆으로 비옥한 들이 넓게 펼쳐져서	丘原膴膴傍江湄
군데군데 씀바귀도 엿과 같이 달았으며	荼菫叢生味似飴
한 포기의 벼에는 아홉 개의 이삭 맺고	九穗同莖參漢史
너른 들엔 많은 곡식 탐스럽게 여물었지	大田多稼驗周詩
근년에는 재해 잦아 살기조차 힘이 들고	歲頻旱潦終難活
사람들도 병이 들어 고치기가 쉽지 않네	人盡瘡痍未易醫
도롱이 덮어쓰고 종일 들판 쏘다녀도	終日披簑遵隴畝
구황 방책 찾지 못해 남몰래 탄식하네	救荒無術暗齎咨

수해 입은 평양 인근 지역을 돌아보고 있는데 야속하게도 또 비가 내린다. 대동강 변 넓은 들판은 평소 비옥하기로 이름난 곳인데, 몇 년 동안 가뭄과 홍수가 이어져 농토가 황폐해지고 백성들이 수재로 발생한 전염병에 시달리는 상황이었다. 관찰사로서 구제할 방책을 마련하기 위해 비를 맞으면서 종일 들판을 돌아다니지만, 적절한 대책을 강구하지 못하여 고뇌하는 심정이 드러나 있다.

부끄러운 마음을 적다
寫懷

이슬과 비와 같은 크나큰 성은 입어　身荷栽培雨露天
재주라곤 없는 몸이 서쪽 변방 맡았는데　謬將樗櫟鎭西邊
큰 집을 지탱하는 동량 구실 못 하여서　難支大廈爲梁棟
백성들을 기근에 시달리게 하였구나　終作黃楊厄閏年

만백성이 상심하여 하늘만 부르는데　萬戶傷心叫昊天
강변에는 냉이꽃이 눈처럼 덮였어라　薺花如雪滿江邊
살진 말에 고기반찬 먹는 내가 부끄럽네　愧將肥馬餐肥肉
굶어 죽고 떠도는 자 작년보다 늘었건만　餓莩流離勝去年

1488년성종 19 3월 평안도 관찰사에서 체차遞差되어 후임 관찰사와 교대할 날을 기다리고 있던 때에 지은 시이다. 국가의 은택을 입어 2년간 관찰사로 재직했으나, 재주 없고 무능력한 탓에 백성들을 기근에 시달리게 하였다며 자책한다. 들판에 곡식 대신 냉이꽃만 하얗게 피어 있고, 백성들은 먹을 것이 없어 하늘을 원망하는 절박한 상황이기 때문이다. 고향을 떠나 떠돌거나 굶어 죽은 백성들이 작년보다 늘었는데, 고위 관료라는 이유로 살진 말을 타고 고기반찬을 먹는 자신이 부끄럽기만 하다.

국경 부근에서 이주민을 만나다
路逢入居人

그대 보지 못했는가	君不見
영호남에 인구 넘쳐 수레가 부딪히고	湖嶺人稠車接轂
천만 채의 집들이 다닥다닥 늘어선 걸	比櫛魚鱗千萬屋
또 보지 못했는가	又不見
오랑캐와 인접한 황량한 변방에는	龍荒朔野狄爲隣
초목만 우거지고 사람 하나 없던 것을	灌莽滿目空無人
동남쪽은 꽉 차 있고 서북쪽은 텅텅 비어	東南富實西北虛
변방 채울 사민 정책 늦출 수 없었기에	募民徙塞不可徐
소를 몰고 말을 타고 어린아이 둘러업고	驅牛乘馬聯繈褓
고을에서 양식 주며 길 떠나게 다그치니	州縣傳餐催上道
간장이 찢어질 듯 소리 죽여 우는 소리	呑聲暗泣肝腸裂
이웃 사람 듣고서는 함께 오열하였었지	隣里聞之共嗚咽
천 리 길을 고생하며 궁벽한 들에 와서	間關千里到窮郊
띠풀이랑 이엉 베어 울을 엮고 집을 지어	編籬作室誅蓬茅
쉬지 않고 부지런히 온갖 힘을 다 쏟아서	勤勞力役於其中
삼 년 동안 밭 일구며 농사일에 전력했지	三春畚鍤明農功

힘겹던 세월 지나 행복한 날 맞이하고　昔之愁苦今懽康
부족하던 식량 이젠 창고에 가득하니　昔之囊橐今囷倉
따뜻한 옷 배부르게 먹을 양식 갖췄는데　所須煖衣與飽食
무엇 하러 동서남북 떠돌 일이 있겠는가　安用東西與南北

제목의 '입거인入居人'은 조선 초기 사민徙民 정책에 따라 북쪽 국경 지역에 이주하여 살도록 한 백성들을 지칭하는 말이다. 사민 정책은 세종 때 새로 개척한 사군四郡과 육진六鎭에 경상, 전라, 충청 하삼도下三道의 백성들을 이주시킨 데서 시작되었다. 성현은 1488년성종 19 사은사로 중국에 갔다가 돌아오는 길에 평안도 지역으로 이주해서 정착한 백성들을 만났다. 조정의 정책에 따라 눈물 흘리며 정든 고향을 떠난 남쪽 지역 백성들은 낯설고 황량한 변방 땅에서 집을 짓고 농토를 개척하느라 온갖 고생을 해야 했다. 그들이 먼 타향 땅에 정착하기까지 육체적, 정신적으로 얼마나 힘겨운 나날을 보내야 했을지 짐작이 되고도 남는다. 하지만 삼사 년이 지난 뒤에 만나 본 그들은 국경 지역의 환경에 나름대로 적응하여 먹고사는 데는 지장이 없을 정도가 되어 있었다. 비록 고향을 멀리 떠나와 갖은 고생을 하였지만, 정착하여 안정된 삶을 꾸려 가는 것을 보니 다행스럽기도 하고 고맙기도 하였다. 백성들이 당면한 현실적인 삶의 문제를 그들의 입장에서 바라보고 생각하는 애민 정신이 담긴 시이다.

얼음 캐는 사람들
凌陰行

방석만 한 눈송이가 공중에 휘날리고　雪花如席飜雲空
북풍이 몰아쳐서 앞이 분간 안 되는데　朔吹振野愁濛濛
만 명의 사내들이 얼음을 쿵쿵 깨어　萬夫鑿氷聲沖沖
수레에 나눠 싣고 능음으로 수송하네　分車載入凌陰中
관원들이 내달리고 예조 관원 서서 보니　諸官奔走春官立
회초리로 몰아대며 빨리 가라 다그치네　鞭扑驅人令行急
살이 트고 동상 걸려 몰래 눈물 흘리는데　肌膚皸瘃潛相泣
매일같이 재촉해도 당해 내지 못하누나　日日催傭猶莫及
춘분에 제사하고 얼음 창고 처음 열면　獻羔祭韭始發舒
찌는 듯한 삼복더위 눈 녹듯이 사라지니　炎蒸逃遁無留居
성상께서 이로 인해 태평성대 여시는데　聖主以此調玉燭
네가 지금 노력하지 않아서야 되겠는가　汝今不力將何如

1493년성종 24 예조 판서로 재직할 당시 지은 시이다. 예전에 얼음을 저장하였던 빙고氷庫를 능음凌陰이라고도 불렀다. 인공적으로 얼음을 얼리지 못했던 때에는 한겨울에 강이 얼면 얼음을 떠서 빙고에 보관하였다가 국가의 제사나 의례儀禮, 궁중의 수요에 충당하였다. 이 얼음은 고위 관료들에게 일정량이 배분되고, 한여름 무더위에 목숨을 잃지 않도록 혜민서의 환자들이나 감옥의 죄수들에게 지급되기도 하였다. 그 때문에 얼음 채취는 국정의 중요한 사안으로 인식되기까지 하였다. 그렇지만 한겨울에 얼음을 채취하기란 쉬운 일이 아니었다. 동원된 군인이나 고용된 인부들이 얼음을 채취하다가 동상에 걸리거나 부상당하는 일이 다반사였으며, 이를 감독하는 하급 관료들의 횡포 또한 적지 않았다. 조선 시대에 빙고는 예조 관할이었는데, 성현은 예조 판서로 재직하면서 얼음 채취와 관련한 여러 가지 폐단을 목격하게 되었다. 그리하여 추운 강에서 얼음을 채취하고 빙고로 실어들이는 인부들의 고충을 시로 읊은 것이다. 그는 『용재총화』에서도 얼음 채취와 관련한 폐단을 기술한 바 있다. 그러나 성현은 사대부이자 관료이지, 현실을 부정하는 이상주의자나 개혁주의자는 아니었다. 국가 운영에 필요한 얼음 채취를 폐단이 있다 해서 없애자고 주장할 수는 없었다. 하지만 얼음 채취에 동원된 백성들을 소재로 삼아 힘들어하는 그들의 모습을 세밀하게 묘사하였다는 점에서 백성들을 걱정하고 가여워하는 시인의 마음을 엿볼 수 있다.

제2장

길 위에서 느끼다

성현의 작품 중에서 많은 비중을 차지하는 것이 기행시이다. 마음에 맞는 벗들과 자유롭게 산천을 유람하며 지은 시, 사신으로 명나라를 오가며 지은 시, 지방관으로서 관내를 순행하며 지은 시 등이 그것이다. 끝없이 펼쳐진 요동 벌판, 웅장한 황궐과 번화한 북경 시가지, 그리고 지난 역사의 영욕榮辱이 교차한 유적지에 들러 그는 무엇을 보고 무엇을 생각했을까. 또 허름한 선비 복장으로 찾아간 명승지에서, 또는 직무를 수행하러 나갔다가 들른 여러 유적지에서 느낀 소회는 어떠했을까.

금강산에서 일출을 보다

日出行

구름 모두 사라져서 가을 하늘 공활하고	浮雲捲盡秋天闊
북쪽 지방 새벽이슬 눈처럼 빛나는데	北方沆瀣光似雪
바람은 일지 않고 파도도 잠잠하니	飛廉不起海若藏
만 리의 넓은 바다 유리처럼 매끄럽네	滄溟萬里琉璃滑
밤이 다할 무렵 되자 하늘에서 닭이 울고	夜闌彷彿聞天鷄
새벽빛이 열어지며 붉은 기운 퍼지더니	曙色霞光互明滅
홀연히 수면 위로 붉은 바퀴 드러나고	忽見紅輪浴輕浪
희화가 부상에서 해를 안고 나오자*	羲和擁出扶桑日
황금 닭*이 날개 치며 공중으로 날아올라	金鷄超騰翥碧空
천지와 사방으로 밝은 빛을 발산하네	乾坤南北晴暉發
내가 오늘 이곳에 와 사찰에 머물면서	我來此日寄僧家
장관을 맘껏 보고 남을 위해 말하노니	得飽奇觀爲人說

* 희화羲和가……나오자 : 희화는 요순堯舜 시대에 해를 관장한 관원이다. 부상扶桑은 동해에 있다는 상상 속의 신목神木으로, 해가 그 가지 아래에서 떠오른다고 한다.
* 황금 닭 : 해가 뜰 때 부상의 가지 위에서 운다는 닭인데, 태양을 비유하는 말로 쓰인다.

아침이면 동해에 떠 곤륜으로 지는 해를 　　朝看溟渤暮崑崙
과보처럼 쫓아가고 싶은 마음 간절하네 　　回首不禁夸父渴

1472년성종 3 금강산에서 일출을 보고 지은 시이다. 당시 성현은 한훈질정관으로서, 진하사에 임명된 형 성임을 따라 중국으로 가던 길에 열흘 정도 금강산을 유람하였다. 중국 여행을 하게 되어 설렘이 컸을 테지만, 생애 처음으로 아름다운 금강산에 올라 일출을 본 감회도 그에 못지않았을 것이다. 아침에 동해에서 떠오른 해는 저녁이면 중국의 서쪽에 있는 곤륜산으로 넘어간다. 성현은 동쪽 하늘을 온통 붉게 물들이며 떠오르는 해가 너무도 아름다워서 해를 쫓아가다가 갈증이 나서 죽고 말았다는 전설 속의 인물 과보夸父처럼 해를 쫓아 곤륜산까지 가고 싶다고 하였다.

한편 성현은 이때 중국 여행길에서 일행들과 수창한 시를 모아 『관광록』을 간행하였는데, 책을 본 중국의 인사들이 크게 탄복하였으며 그 소문을 듣고서 보고 싶어 하는 사람들도 많았다고 한다. 그의 시가 당시 중국과 조선의 문인들에게 큰 반향을 일으켰음을 짐작하게 하는 대목이다. 『관광록』은 서거정이 서문을 쓰고 김종직이 발문을 썼으나, 아쉽게도 현재는 전하지 않는다.

만리장성
長城行

장성이 아스라이 하늘 위로 치솟아서 　長城隱隱揷天起
동서로 천만리에 길게도 뻗었으니 　延袤東西千萬里
사막을 가로질러 바다까지 닿았으며 　橫包沙漠到滄溟
눈처럼 흰 성가퀴가 산속으로 이어졌네 　雪色雉堞峯巒裏
일당백의 요새에 거대한 성을 쌓아 　金湯百二作雄關
웅장하게 용과 범이 서린 듯이 우뚝 섰네 　壯哉峨峨龍虎盤
진시황이 그 당시에 칼을 잡고 일어서자 　秦皇當時按劍起
제후들이 벌벌 떨며 무릎으로 기었는데 　諸侯膝行心膽寒
자손만대 이로움을 누리게 해 주고자 　欲遺子孫萬世利
원망 사며 백성들을 못 살도록 괴롭히다 　築怨勞民致憔悴
유방 항우 산동에서 봉기하고 말았으니 　劉項鼙鼓搖山東
오랑캐가 화의 빌미 됐다고만 할 수 없네 　未必北胡爲禍祟
지난날의 흥망성쇠 구름처럼 아득한데 　興亡往事雲茫茫
행인들은 폐허가 된 궁궐터를 가리키네 　行人指點荒丘陽
내가 와서 아득히 먼 옛일을 슬퍼할 제 　我今弔古一凄惻
해가 지는 교외에는 누런 먼지 날 뿐이네 　滿郊斜日飛塵黃

1472년 성종 3 중국 사행길에 만리장성을 보고 지은 시이다. 진시황秦始皇은 전국戰國 시대의 칠웅七雄으로서 중국 대륙을 최초로 통일한 뒤에, 군현제郡縣制를 시행하고 도량형度量衡을 통일하는 등 2천년 중국 황조의 기틀을 닦았다. 그러나 법가法家 사상을 바탕으로 가혹한 형벌과 대규모 토목 공사, 분서갱유焚書坑儒 등 폭정을 일삼았다. 그중 만리장성은 북쪽 국경을 위협하는 흉노족의 침략에 대비하기 위해 쌓은 것이었다. 이 거대한 장성을 쌓기 위해 동원된 수많은 백성들은 말할 수 없는 고통을 겪어야 했다. 남자들은 먼 국경 지역까지 끌려가 고된 노역에 시달리다 추위와 질병으로 쓰러져 갔고, 남은 여자들은 홀몸으로 자식을 키우고 집안을 꾸려 가느라 갖은 고생을 해야 했다. 진시황이 죽고 아들 호해胡亥가 즉위하자 집권 대신의 전횡으로 국정은 혼란에 빠지고 민심은 이반하여 각지에서 반란이 일어났다. 그러다 유방劉邦과 항우項羽가 천하를 놓고 각축을 벌이면서 진나라는 결국 멸망한 것이다.

그러니 진나라의 멸망은 굳건한 요새가 없어서도, 북방 흉노족의 침략 때문도 아니었다. 위정자가 민생을 외면하고 자신의 부귀영화만을 추구하다가 비참한 종말을 맞는 경우를 우리는 무수히 보아 왔다. 수많은 백성들을 동원하여 지어 올린 진시황의 궁궐도 무너져 버리고, 길 가는 사람들은 그저 궁궐이 있었던 곳을 손으로 가리킬 뿐이다. 이곳을 지나는 시인은 누런 먼지 속에 서서 그 옛날 진나라의 영욕을 생각하며 슬픔에 젖는다.

요동 지방 장사꾼
商車行

산동 지방 너른 들이 숫돌처럼 평평한데	山東廣野如砥平
폭풍 불어 십 리 길에 흙먼지가 자욱하네	驚風十里飛塵冥
가벼운 수레 하나 번개처럼 내달려서	輶車翩翩走如電
요동에서 쌀을 싣고 요서로 향해 가네	遼東載米遼西行
양쪽에 맨 두 필 말은 편안하게 춤을 추듯	兩邊驂服穩騰舞
긴 고삐는 흔들흔들 황금 방울 딸랑딸랑	長繩搖曳黃金鈴
삿자리를 펼쳐 놓은 짐칸이 집채만 해	箱中葦簟大如屋
천둥 벼락 몰아쳐도 걱정 없이 잘 수 있네	穩眠不怕驅雷霆
영감은 수레 앞턱 나무에 서 말을 몰고	翁出憑軾立策馬
할멈은 아이 안고 바느질을 하는구나	姑坐倦針兼抱嬰
일생 동안 농사일과 전쟁 고통 모르는 채	一生不識耕戰苦
형세 살펴 이익이 더 날 곳으로 달려가네	隨機眩利從重輕
기쁘게도 지난날엔 오랑캐 땅이었는데	可憐古昔胡虜地
오늘은 백성들 다 편히 살게 되었구나	今日民物咸敉寧
태평 시대 교화가 변방까지 미쳤으니	太平聲教無遠邇
여정이 멀다 하여 시름하지 말지어다	行李愼莫愁遐程

중국에서 돌아오는 길에 산동 지방의 장사꾼 수레와 마주쳤다. 자욱이 먼지를 일으키며 달려가는 수레에는 중년을 넘어선 장사꾼 부부가 타고 있었다. 물건을 싣고 이리저리 떠돌아다니는 장사꾼의 삶이란 고달프게 마련이지만, 예상 밖에 그들은 집처럼 꾸며 놓은 수레 안에서 자신들의 삶을 편히 영위하는 듯이 보였다. 이처럼 백성들이 각자의 삶에 충실할 수 있는 이유는 중국의 국내외 정세가 안정된 덕분일 것이다. 어떤 나라이건 간에 백성들의 안위安危는 정치의 잘잘못에 달려 있기 때문이다. 성현이 중국 백성들의 생활 모습을 유심히 바라본 것은 그가 평소 하층민들의 삶에 관심을 기울여 온 것과 무관하지 않으리라.

어양에서 느낀 감회

漁陽懷古

고질병이 깊은데도 스스로 알지 못해	病入膏肓自不知
중국의 백성 모두 큰 고통을 겪었어라	中原民物亦瘡痍
장구령의 충언조차 소용이 없었으니	曲江藥石無由進
세상없는 명의라도 고치기가 어려웠네	縱有扁和未易醫
거리 가득 버드나무 녹음이 시원하고	滿街楊柳綠陰涼
기러기와 오리 나는 못엔 물이 가득하네	鳧雁雙飛水滿塘
악명 남긴 안녹산을 물어서 무엇 하랴	遺臭祿兒何足問
돌다리엔 그때처럼 석양이 비꼈어라	石橋依舊半斜陽

1475년성종 6 사은사謝恩使 한명회韓明澮 1415~1487 의 서장관書狀官으로 중국에 갔을 때 지은 시이다. 어양漁陽은 당唐나라 현종玄宗 때 안녹산安祿山이 반란을 일으켰던 곳이다. 현종은 즉위 이후 혼란에 빠져 있던 황실을 안정시키고 민생 위주의 정책을 펼쳐 개원지치開元之治라고 불리는 치세治世를 이루었던 황제이다. 그러나 집

권 후반기에는 정치에 싫증을 느껴 국정을 돌보지 않고 양 귀비楊貴妃에게 빠져 쾌락을 일삼기도 하였다. 결국 안녹산의 난으로 현종은 촉蜀으로 파천播遷하기에 이르렀고, 나라는 걷잡을 수 없는 혼란에 빠지게 되었다. 그 때문에 첫 수에서는 곡강曲江 출신 명상名相 장구령張九齡이 현종에게 고금의 흥망성쇠에 관한 일을 기록한 『천추금감록千秋金鑑錄』을 올렸으나 소용이 없었던 일을 언급하였다.

성현이 찾아간 어양의 거리에는 버드나무가 녹음을 드리우고, 맑은 못에는 기러기와 오리가 놀며, 다리 위에는 곱게 석양이 비추고 있다. 세상을 떠들썩하게 했던 현종과 양 귀비의 사랑도, 반란군과 관군의 전투가 벌어졌던 전장의 포화도 모두 역사의 뒤안길로 사라져 버렸다. 그러나 임금과 고위 관료들의 잘못으로 인해 나라의 근간이 흔들리고 죄 없는 백성들이 가혹한 희생을 치러야 했던 교훈은 영원히 남아 전할 것이다.

상여 행렬을 보고
喪車行

수레 앞엔 두 대열이 생황을 불며 가고	車前兩隊驅笙簧
수레 뒤엔 백여 사람 상복 입고 따르는데	車後百夫緇麻行
수레 앞의 작은 널은 덮지 않아 다 보이고	車前小棺露不幔
붉은 깃발 하얀 덮개 선명하게 대비되네	紅幢素蓋參差光
훈훈한 바람 부는 동문 밖의 십 리 길에	薰風十里東門路
평평한 들과 접한 숲에서 연기 피니	平丘漫漫接煙樹
옷과 이불 들판에서 먼지가 되어 날고	衣衾化作野埃飛
한 움큼의 흙을 떠서 작은 봉분 조성하네	取土一抔作墳墓
자식은 삼 년이면 부모 품을 벗어나도	子生三歲免懷抱
부모는 고생스레 사랑으로 키우는데	辛苦眷恩養寸草
어찌하여 세상 사람 이것을 모르고서	如何世人不知此
비단옷에 쌀밥 먹고 술에 취해 비틀대나	食稻衣錦長醉倒
야박한 세상 풍속 나무라기 어려우니	嗚呼薄俗未易訝
성인께서 정한 예가 어긋나고 말았어라	聖人之制終蹉跎

중국에서 상여 행렬을 보고 지은 시이다. 장례는 한 인간의 생을 마감하는 절차이다. 유교 사회에서 상례喪禮는 그 무엇과도 비교할 수 없는 중요한 예禮로 인식되었다. 따라서 부모상을 당한 사람은 삼년상을 치르는 동안 관직에서도 물러나는 것이 당연하게 인식되었고, 심한 경우에 부모상을 치르다 몸이 상해 목숨을 잃기도 했다. 상례가 그처럼 중요하게 받아들여졌기 때문에 사행길에 마주친 중국인들의 장례 행렬을 유심히 지켜보았을 것인데, 성현은 의외로 그들의 장례 의식이 유교의 예법에 어긋나는 것을 알고는 실망감을 드러내었다. 비단옷을 입고 술에 취해 비틀거리는 상주의 모습은 부모의 죽음을 슬퍼하는 자식의 올바른 도리로 보이지 않고, 상여도 형식만 따랐을 뿐 예법에 맞지 않았던 것이다. 바쁘게 살아가는 현대인들이 들으면 유학자의 고리타분한 생각으로 치부해 버리기 쉽겠지만, 아무리 지역이 다르고 시대가 변해 장례 의식이 바뀌어도 인간으로서 지켜야 할 도리가 달라지지는 않는다는 점에서는 공감할 만한 지적이다.

옛 고죽성을 지나며

過孤竹古城

천륜을 중시하고 부귀에 뜻 없었으니 天倫爲重萬金輕
두 형제의 마음은 화평하고 즐거웠네 湛樂和平弟與兄
왕위를 양보하여 대의가 도타웠고 讓國一朝敦大義
고사리 뜯어 먹어 높은 명성 드러났네 採薇千載著高名
사당은 적막한데 부질없이 봄은 오고 祠堂寂寞春空在
성곽이 허물어져 돌은 이미 묻혔구나 城郭荒蕪石已丕
불어오는 바람 속에 지난 일을 슬퍼할 제 怊悵臨風傷往事
난하의 서쪽으로 석양이 붉게 타네 灤河西畔夕陽明

고죽성에 있는 백이伯夷와 숙제叔齊의 사당에 들러 지은 시이다. 백이와 숙제는 은殷나라 제후 고죽군孤竹君의 맏아들과 셋째 아들인데, 고죽군은 생전에 숙제에게 왕위를 물려주고 싶어 하였다. 고죽군이 죽은 뒤 백이는 부친의 뜻을 따라 숙제가 왕위를 이어야 한다고 했고, 숙제는 형이 왕위를 계승해야 한다고 하며 서로 사양하였다 결국 둘 다 나라를 버리고 떠나 당시 명망을 얻고 있던 주周나라 문왕文

王에게 귀의하였다. 문왕이 죽은 직후 무왕武王이 은나라를 정벌하려 하였는데 두 사람이 말고삐를 잡고 만류하였다. 하지만 무왕이 듣지 않고 정벌을 감행하자, 의리상 주나라의 곡식을 먹을 수 없다며 수양산首陽山으로 들어가 고사리를 캐 먹고 살다가 굶어 죽었다. 이런 까닭에 백이와 숙제는, 부귀영화보다 형제간의 우애를 중시하고 은나라에 대한 절의를 지키기 위해 목숨을 바친 고결한 인물로 평가되었다. 지금의 시각으로는 융통성 없고 고지식한 사람으로 비칠 수도 있겠지만, 일신의 부귀영화를 마다하고 도리와 절개를 지킨 점은 사람들에게 귀감이 되기에 충분할 듯하다.

귀국길에 읊다

岳楡路上有懷

한 자락 빗줄기가 마을을 지나가자　　南村北村雨一犁
날던 먼지 가라앉고 진흙 길이 질척이네　　飛塵汩汩翻作泥
무성한 뽕나무가 골목을 뒤덮으니　　桑柘靑靑暗淸巷
한 번 잎을 따 낸 뒤에 새로 자란 잎이라네　　舊葉採盡新葉齊
잠박 가득 누에 잘 때 화창한 날씨더니　　蠶眠滿箔風日暢
탐스러운 누에고치 단지처럼 커다랗네　　蠶老作繭如甕盎
평상에는 실을 켜는 물레가 삐걱이고　　床頭轣轆鳴繅車
문밖에는 보리 이삭 바람에 출렁이네　　門外參差飜麥浪
봄바람을 맞으면서 동쪽을 향해 가니　　東行馬首迎東風
고향으로 향하는 길 마음이 더 바빠지네　　故園歸意愈悤悤
언제나 아이들과 반갑게 만나려나　　稚子歡迎定何日
뜰에는 지금 한창 앵두가 붉을 텐데　　階上櫻桃今正紅

몇 달간의 사행을 마치고 돌아오는 길이다. 왕명을 받들어 외교 사절로 나갔다가 임무를 마치고 무사히 돌아오게 되니, 어깨를 누르던 중압감과 긴장감에서 벗어나 마음이 홀가분해진다. 봄을 맞은 들판에는 보리가 푸른 물결처럼 출렁이고, 마을마다 누에 치고 고치 켜느라 여념이 없다. 백성들이 살아가는 모습은 국경 밖이라고 크게 다를 게 없음을 새삼 확인하게 된다. 이제 압록강을 건너 돌아갈 날이 머지않았다고 생각하니 발걸음이 바빠지는 듯하다. 반갑게 뛰어나와 아버지를 맞이할 어린 자식들의 모습과 앵두가 빨갛게 익고 있을 뜨락의 정경이 눈에 선하다.

강화에서 옛일을 생각하다
江華懷古

거센 바람 몰아치고 검은 구름 캄캄한데	長風捲地陰雲黑
오랑캐가 포효하며 서북 땅을 덮쳐 오니	胡騎咆哮滿西北
날던 새가 빈 시위를 보고 놀라 피하듯이	人如飛鳥驚虛弦
한순간에 사람들 다 무너져서 달아났네	一朝奔崩避矰弋
견고한 금성 철벽 웅장한 도성 땅을	金城百雉雄郊廛
자자손손 지켜 온 지 삼백 년이 되었는데	子係孫傳三百年
한 귀퉁이 작은 섬이 어찌 이를 대신하랴	江曲區區豈容闊
백성들은 슬퍼 울며 천도를 걱정했네	萬姓掩泣愁新遷
최우의 대문에는 사람들이 북적이고	崔氏門庭鬧如市
사철 내내 기염이 하늘을 찔렀는데	四時雷焰熏天起
임금은 홀로 앉아 시름 곁에 취해 자다	君王獨坐愁醉眠
쥐고 있던 태아검*을 그만 놓쳐 버렸어라	太阿倒柄長脫手
남산은 짙푸르고 드높게 솟았는데	南山蒼翠高漠漠
깊은 골짝 바위 위에 큰 누각을 세우니	架巖鑿谷開樓閣

* 태아검 太阿劍 : 옛날 보검 寶劍의 이름으로, 여기서는 왕으로서의 실권을 뜻한다.

아로새긴 용마루는 대궐이나 다름없고	雕甍畫棟侔魏闕
밤마다 음악 소리 주렴 밖에 들렸었지	夜夜笙歌擁珠箔
용과 범이 모두 죽어 한 줌 흙이 되었건만	龍亡虎逝成塵土
흐르는 물 뜬구름은 태고 시절 그대로네	流水浮雲自太古
산천은 여전한데 당시 사람 간데없고	山川如昨人民非
옛 건물들 무너져서 수풀 속에 묻혔어라	遺基埋沒委林莽
이곳에 내가 온 게 마침 중양절이라서	我來正值重陽節
집집마다 술병 들고 높은 산에 올라가네	家家把酒登高邱
옛 도읍의 번화함은 여전히 남아 있고	古邑繁華宛然在
태평 시대 맞이하여 들판은 풍년인데	太平禾黍豐田疇
이곳을 지나가는 수많은 나그네들	過客紛紛知幾輩
옛일을 슬퍼하며 감개에 젖곤 하네	弔古無言多感慨
바람 속에 탄식하며 우주를 바라보니	臨風長嘯望宇宙
천년 전의 영웅들이 지금은 다 어디 있나	千載英雄今安在

1476년 성종 7 강화에 갔다가 지은 시로, 고려가 몽고의 침략을 받고 강화로 천도했던 일을 다루었다. 1231년에 몽고군이 침공하자 고려는 이듬해 도읍지를 강화로 옮겨 국권을 유지하고자 하였지만, 그즈음 고려의 나라 꼴은 한심하기 이를 데 없었다. 최충헌 崔忠獻 이후 4대 60년간 세습된 최씨 정권하에서 왕권은 무력화되었고, 지도층은 일신

의 부귀와 영달에만 눈이 멀어 있었다. 무신 정권이 강화에서 38년간 권력 다툼을 벌이는 동안 힘없는 백성들은 외세의 약탈과 횡포에 시달려야 했다.

세월이 흘러 평화롭게만 보이는 옛 도읍지에서 시인은 지난 역사를 떠올리며 슬픔에 잠긴다. 1인 독재 권력을 제멋대로 휘두른 최씨 가문이나 그들과 권력 쟁탈전을 벌인 무신들, 그리고 고려 왕조 모두가 역사의 저편으로 사라진 지 오래다. 백 년도 안 되는 생애를 살다가 죽는 것이 인간인데 무엇을 위해 그토록 욕심을 부려야 했던지 생각하면 새삼 인생사가 무상하게 느껴진다. 서울에서 가까운 섬인 강화도는 조선 시대에도 정묘호란과 병자호란의 거센 소용돌이가 휘몰아쳤고, 19세기에는 통상을 요구하는 서구 열강의 함대에 맞서 격렬한 전투를 벌였던 역사의 현장이다. 성현이 살던 시대로부터 또 450년이 지난 지금, 우리가 강화도를 찾았을 때 느끼는 감회는 그때와 어떻게 달라졌을까 생각해 본다.

조강을 건너며
渡祖江

백운거사 일찍이 이 나루를 건널 적에	白雲居士曾渡此
폭풍우로 작은 배가 마구 요동쳤었는데	一葉扁舟舞雲水
몰아치는 풍랑처럼 호방한 필력으로	風捲波濤入筆力
가슴속의 편치 않은 기운을 다 쏟아 냈지	瀉出胸中不平氣
오늘 내가 온 때는 가을비가 내린 뒤라	我來今日秋雨餘
나루 머리 경치가 매우 맑고 아름다워	渡頭風日正淸美
호방하게 읊조리며 중류에 둥둥 뜨니	長吟擊楫浮中流
나그네 시름 모두 창공으로 흩어지네	無限羈愁散空翠
공은 부를 지었는데 나는 예서 시를 짓고	李公作賦余作詩
공은 시름 깊었는데 나는 매우 즐겁구나	李公蹙頞余伸眉
행인들은 나름대로 근심 기쁨 있지마는	行人遞自有憂樂
하늘이 어찌 차별 두려고 했겠는가	天意豈肯生安危
지금까지 세간의 현달한 사람 중에	世間賢達無今昔
공을 이어 글 지은 이 또 누가 있었던가	繼公而作知是誰

1477년 성종 8 3월 경기 북부와 송도松都 일대를 유람할 때 지은 시로 보인다. 조강은 한강과 임진강이 만나는 하류 끝의 물줄기이다. 한강은 교하交河 서쪽에서 임진강과 합해지고, 통진通津 북쪽에 이르러 조강이 되어 바다로 흘러간다. 1219년에 백운거사 이규보李奎報 1168~1241 가 좌천되어 부평富平으로 부임하던 길에 조강을 건너게 되었다. 조강은 본래부터 물살이 거세기로 유명한데 폭풍까지 불어닥쳐 큰 곤욕을 치러야 했던 이규보는 「조강부祖江賦」를 지어 자신의 신세를 슬퍼하고 끝내 마음을 누그러뜨렸다고 적었다. 250여 년이 지난 뒤 조강에 온 성현은 옛날 이규보가 폭풍우 속에 강을 건넜던 일을 떠올렸다. 한 시대를 주름잡던 50대 대문장가의 운명은 조강의 풍파처럼 사나웠지만, 그 덕분에 「조강부」라는 유명한 작품이 탄생하게 되었으니 후인後人들에게는 다행한 일이라고 해야 할지도 모르겠다. 어찌 되었건 당시 이규보의 상황과 달리 성현 자신은 친구들과 자유롭게 유람하는 중이고, 폭풍이 몰아치던 그때와 달리 날씨도 맑고 경치도 아름답다. 이규보는 역경 속에 있었으니 근심한 것이고, 자신은 친구들과 즐겁게 뱃놀이하며 강을 건널 뿐이라고 말한다. 제각각 주어진 운명대로 살아갈 뿐, 지나치게 근심하거나 연연할 필요가 없다는 뜻이기도 하다.

한편 '공은 부를 지었는데 나는 예서 시를 짓고'와 '지금까지 세간의 현달한 사람 중에, 공을 이어 글 지은 이 또 누가 있었던가.'라는 구절은 자신의 문학적 자긍심을 한껏 드러낸 대목이다. 39세밖에 되지 않은 성현이 자신의 글을 고려의 대문장가인 이규보와 대등한 수준에 놓고 말한 것이다. 자신의 문학에 대해 이렇게 말할 수 있는 자신감과 호방한 기상이 부러워진다.

해운대

海雲臺

거센 바람 몰아치고 파도는 철썩철썩　長風吹捲浪聲豪
신기루가 나타나고 바다 신이 포효하네　蜃市連空海若號
해가 뜨는 부상은 지척이나 다름없고　日出扶桑如尺咫
구름 덮인 대마도는 작디작은 터럭 같네　雲埋馬島少秋毫
먼 유람에 천하가 좁다는 걸 깨달으니　遠遊自覺寰區隘
기개는 더 장해지고 안목은 더 높아지네　壯氣多增眼界高
천 년 전에 고운이 자취 남긴 곳이니　千載孤雲留勝跡
옛일을 생각하며 취하여도 무방하리　不妨懷古醉春醪

큰 바다가 아득하여 바라봐도 끝없으니　巨浸茫茫望不窮
비로소 땅덩이가 작다는 걸 알겠구나　始知天地似蜉蠓
천 리의 바다 물결 청동 거울 빛깔이고　千里海浪青銅鏡
만 그루의 동백은 푸른빛의 옥 무더기　萬樹山茶碧玉叢
좌우에는 열을 지은 아름다운 여인들　左右繽紛羅粉黛
고금에 여기 오른 영웅호걸 몇이던가　古今登眺幾英雄
이곳에 와 노는 것이 늦음을 한하는 건　我來却恨玆遊晩

눈 속에 핀 동백꽃을 못 보았기 때문이네　未見繁花雪裏紅

1477년 성종 8 유구琉球 사신이 왔을 때 부산포에 내려가 지은 시이다. 5월에 유구 사신 내원리주內原里主 등이 부산포에 와서 토산물을 바치자 조정에서 관원을 파견하여 이들을 접대하고, 한양으로 올라오게 하여 7월 4일 경복궁에서 연회를 베풀었다. 당시 성현은 부산포에 내려가 이들을 접대한 뒤 함께 한양으로 올라오고, 돌아갈 때도 함께 부산으로 내려가 전송한 것으로 보인다. 성현이 유구 사신을 접대한 구체적인 기록이 행장이나 실록 등에는 보이지 않는다. 그러나 「폭우가 내리는 부산포에서 유구 사신을 선위하다往釜山浦宣慰琉球使臣是日大雨」라는 시를 통해 성현이 당시 영남을 왕래한 목적이 유구 사신을 접대하는 것과 관련되었음을 알 수 있다. 문집에는 한양에서 부산포로 내려가는 길에 지은 시, 부산에서 한양으로 올라오는 길에 지은 시, 재차 영남을 왕래하며 지은 시가 다수 실려 있는데, 제3장 벼슬길에서 느낀 소회를 적은 시들과 함께 소개한다.

해운대라는 명칭은 신라 말 최치원崔致遠이 바위에 '해운대海雲臺' 세 글자를 새긴 데에서 유래했다고 하는데, 지금도 이 석각은 해운대 동백섬에 남아 있다. 성현은 끝없이 펼쳐진 바다를 바라보며 옛날 최치원이 이곳에서 느꼈을 감회를 떠올렸다. 또 오랜 세월 동안 이곳을 거쳐 간 많은 문인과 명사, 영웅호걸의 자취를 떠올리며 감상에 젖어 들었다.

신라 옥피리
聞新羅玉笛

어떤 이가 이처럼 곤륜산의 옥을 얻어	誰人得此昆山玉
심혈을 기울여서 옥피리를 만들었나	巧運心匠雕作笛
무지개 고운 빛깔 아름답게 반짝이니	虹蜺生氣燦光芒
운몽의 대통소*는 비교할 것도 없네	不數雲夢柯亭竹
소리마다 애절하게 가락이 이어져서	聲聲凄絶相續連
돌을 울려 깨뜨릴 듯 구름 뚫고 지나갈 듯	山石可裂雲可穿
우음*은 맑고 빨라 알기가 어려우며	羽音剽疾勢難知
성조 높아 황종현*에 들어가지 못하도다	調高不入黃鍾絃
신라부터 오늘날에 이르는 세월 동안	自從新羅到今日
수천 년의 사적들이 모두 재가 되었건만	數千年事灰燼滅
이것만은 상자 깊이 간직되어 있었으니	惟有此物深韞櫝
귀신이 보호하여 유실되지 않은 듯	鬼神撝訶期不失

* 운몽雲夢의 대통소 : 중국 운몽의 가정柯亭에서 나던 대나무로 만든 통소로, 소리가 매우 아름다웠다고 한다.

* 우음羽音 : 궁宮, 상商, 각角, 치徵, 우羽 오음五音 중 하나로, 소리가 가장 맑고 빠르다.

* 황종현黃鍾絃 : 음계 십이율十二律의 제1율로, 소리가 매우 낮고 묵직하다.

나는 평소 기이한 걸 무척 숭상하였는데　老我平生尙怪奇
경주에 이르러서 처음으로 접해 보곤　身到鷄林初見之
앉아서 시험 삼아 한 곡조를 불어 보니　據床纖指試一弄
맑은 바람 뼈에 스며 한기가 느껴지네　淸風入骨寒颼颼
매화가 다 떨어져 봄 향기는 없지마는　梅花落盡春無香
밝은 달이 하늘 가득 맑은 빛을 흘리니　明月滿天流淸光
그 누가 이 소리를 듣고 울분 푼다 했나　誰言聽此可攄憤
시름하는 사람 간장 모두 끊게 할 뿐인 걸　只益斷盡愁人腸

유구 사신을 접대하고 한양으로 올라가는 길에 경주에 들러 지은 시로 보인다. 신문왕 때 제작된 신라 옥피리는 그 소리가 맑기로 유명하다고 하며, 『동국여지승람 東國輿地勝覽』에 동해의 용이 신라 왕에게 옥피리를 바쳤다는 이야기가 실려 있기도 하다. 신라 옥피리 두 점이 현재 국립경주박물관에 소장되어 있는데, 일각에서는 이를 『삼국유사』에 전해 오는 만파식적 萬波息笛 으로 추측하기도 한다.

성현은 성종 때 장악원 제조를 겸임하여 『악학궤범』을 편찬하는 등 음악을 정리하는 일을 총괄하였으며, 음악 이론에만 밝은 것이 아니라 거문고 연주에도 뛰어났던 사람이다. 그런 그가 경주에 들렀으니 의당 진귀한 옥피리를 보려 했을 법하다. 소문으로만 듣던 옥피리를 보게 된 성현은 옥피리를 직접 불어 본 뒤 이 시를 지었다. 신라 옥피리의 진위에 대해서는 알 수 없는 일이지만, 그의 음악에 대한 깊은 조예와 예인藝人다운 면모를 확인할 수 있는 작품이라 하겠다.

포석정

鮑石亭

혁거세의 왕업이 산산조각 나 버리니	赫居王業如分瓜
무기력한 후손이 나라 보전 못 하였네	孱孫不保東都家
온갖 잘못 저지르고 극도로 사치 누려	三風十愆窮奢華
도성 안의 궁전들은 놀빛처럼 찬란했지	滿城宮殿輝朝霞
못을 파고 구불구불 물이 돌아 흐르게 해	分流作沼曲如蛇
잔 띄우며 군신들이 매일 술로 소일하니	流觴日日君臣譁
십 리 길에 미인들을 태운 수레 이어져서	十里相續香鈿車
대열 지어 노래하면 아쟁 비파 화답했지	淸歌百隊和箏琶
견훤이 포학하게 칼을 들고 들이닥쳐	甄王虐焰森莫鎁
구름처럼 많은 적이 북을 치며 공격하자	羽林磨戛雷鼓撾
백관들은 까마귀 떼 놀라듯이 달아나고	百僚奔走如驚鴉
궁녀들은 궁궐 안의 꽃잎처럼 흩어졌네	宮女散盡宮中花
수비하는 자 없는데 누가 막아 내겠는가	關門不守誰能遮
만사가 바람 속의 모래처럼 흩어지고	萬事委靡隨風沙

순식간에 어부만 이익을 차지하여* 一朝蚌鷸相牽拏
왕자들을 멀리 떠나 숨어 살게 만들었네 竟使龍孫有四遐
내가 와서 옛 역사를 떠올리며 탄식할 제 我來弔古空歎嗟
시냇가에 석대가 비스듬히 묻혀 있네 石臺蕪沒緣溪斜
인간 세상 흥망성쇠 끝없이 돌고 도니 興亡往復渺無涯
말 위에서 한번 웃고 초혼가를 부르노라 馬上一笑歌楚些

경주 남산의 서쪽에 있는 포석정은 신라 말에 경애왕景哀王이 연회를 즐기다가 견훤의 습격을 받아 죽은 것으로 알려진 곳이다. 신라는, 혁거세가 경주 분지에 도읍한 이래로 한때 분열된 삼국을 통일하여 전성기를 누리고 찬란한 문화를 꽃피웠던 나라이다. 하지만 견훤에 의해 옹립된 경순왕敬順王은 결국 조상 대대로 이어 온 신라를 왕건에게 바치고 항복하였고, 이를 반대하던 마의태자麻衣太子 등은 금강산에 들어가 평생을 숨어 살아야 했다.

신라가 허무하게 멸망하고 만 원인으로 흔히 신라 지배층의 무능과 도덕적 타락을 들곤 한다. 지금에 와서는 포석정이 단순히 흐르는 물에 술잔을 띄우던 사치스러운 놀이의 장소만은 아니었다는 연구도 보이지만, 성현 역시 대부분의 사람들처럼 경애왕이 향락에 빠져 지내다

* 어부만 이익을 차지하여 : '어부지리 漁父之利' 고사의 어부처럼 신라와 후백제가 싸우는 틈을 타서 고려 왕건이 두 나라를 모두 차지하였다는 뜻이다.

가 견훤에게 공격받아 죽었다고 생각하였다. 그러한 시각에서 볼 때 유구한 역사의 신라가 허무하게 멸망한 일은 탄식을 자아낼 수밖에 없는 것이다. 하지만 전대前代의 역사를 통해서 많은 교훈을 얻을 수 있는데도, 세상의 권력자와 지배 계층은 똑같은 잘못을 되풀이한다. 그래서 성현이 '인간 세상 흥망성쇠 끝없이 돌고 도니'라고 말한 것이 아닐까?

유람길에 김화에서

次金化東軒韻

유람길엔 날들이 빠르게도 지나가니　客中容易送曦陽
곳곳마다 경치 보며 시 읊기에 여념 없네　觸物吟詩喙更長
예로부터 영웅은 불우한 이 많았거니　自古英雄多蹭蹬
세상사의 부침은 마음 쓰지 않는다네　任他人世變炎涼
눈앞의 좋은 경치 보는 걸로 충분한데　眼前好討溪山勝
죽은 뒤에 좋은 명성 남긴들 무엇 하랴　身後何須姓字香
갈바람에 서리 이슬 차가워지거들랑　直待西風霜露冷
쌀과 어물 풍족한 전원으로 돌아가리　蹇驢歸就稻魚鄉

1481년 성종 12 여름에 지은 시이다. 앞서 승정원 우승지로 재직하던 성현은 영접도감 낭청 추천 문제로 그해 4월에 파직되었다. 그 뒤 함께 파직된 채수와 관동 지방 유람을 떠나는 길에 이 시를 지었다. 그래서인지 자신의 생각과 다르게 돌아가는 세상사에 연연하지 않고 아름다운 경관이나 마음껏 즐기겠다는 마음을 시에 드러내었다. 관동을 유람할 때 성현 일행은 신분을 숨긴 채 벼슬 없는 선비와 같이 초라한 행색을 하고 다녔다고 한다. 그 과정에서 벌어진 재미있는 일화들이 『용재총화』에 보이는데, 지위나 신분, 세속적인 영달에 마음을 두지 않는 그의 소탈한 성품과 아이들처럼 격의 없는 채수와의 우정 등이 생동감 있게 그려진다.

삼일포

遊三日浦

금강산은 높디높게 허공으로 치솟았고	軹靼崢嶸揷太淸
뭇 봉우리 여기저기 들 밖으로 보이는데	群巒轇葛點郊坰
끝이 없는 동쪽 바다 흰 파도가 장대하고	海連東極霜濤壯
물이 불은 서쪽 호수 거울처럼 평평하네	水漲西湖鏡面平
삼일포란 지명은 예로부터 내려왔고	三日浦名從自古
네 신선이 놀던 일도 전해 온 지 오래이니	四仙遺事久傳聲
천 년 된 바위에는 이끼 아직 축축한데	千年斷碣苔猶濕
남아 있는 여섯 자는 자취가 흐릿하네	六字留題跡不明
기이하고 험한 돌은 웅크린 범의 모습	怪石崚嶒蹲虎狀
구불구불 얽힌 솔은 늙은 용의 형상이네	長松偃蹇老虯形
고을 원이 술병 들고 와서 맞이해 주는데	主人樽酒來相迓
명승지의 산천은 유난히도 깨끗하네	勝地山川特地淸
거나해져 흥에 젖어 다시 노를 두드리니	半醉興酣還擊楫
이 몸이 삼신산에 떠 있는 것만 같네	恍然身世泛蓬瀛

관동 팔경 가운데 하나로 꼽히는 고성高城 삼일포에서 지은 시이다. 삼일포는 외금강 가에 위치한 자연 호수이다. 삼일포 안에 조그마한 섬이 있는데, 옛날에 영랑永郎, 술랑述郎, 남석랑南石郎, 안상랑安詳郎이라는 네 신선이 놀러 왔다가 경관에 취해 3일 동안이나 돌아가지 않았기 때문에 삼일포라는 이름이 붙었다고 한다. 삼일포 남쪽 산봉우리 절벽에 남아 있는 '영랑도남석행永郎徒南石行'이라는 여섯 글자가 이때 새겨진 것이라는 전설이 전한다. 네 신선의 이야기는 금강산이나 관동 지방 유람과 관련된 글에서 빠지지 않고 등장할 정도로 유명하다. 옛날 신선이 놀았다는 아름다운 호수에 배를 띄우고 한가롭게 노닐면 신선이 된 듯한 기분이 들 것도 같다. 안타깝게도 지금은 휴전선 북쪽에 위치하여 갈 수 없는 땅이 되었지만, 자유롭게 왕래할 수 있는 날이 온다면 옛사람들의 흔적을 더듬으며 금강산을 속속들이 돌아보고 싶다.

궁예의 옛 도읍 철원에서

次鐵原東軒韻

철원은 궁예 왕이 도읍했던 고을인데　鐵水雄藩古邑州
객이 와서 말없이 시름에 잠기누나　客來無語謾含愁
고려 태조 왕건이 세력을 확장하자　風雲沛上飛揚日
난폭했던 궁예가 종말을 맞았어라　煙燼咸陽慘惔秋
두 나라의 흥망은 모두 지난 일이 되어　兩國興亡俱寂寂
천 년 전의 성루만 아스라이 남아 있네　千年城壘莽悠悠
궁예 왕이 옛 역사를 교훈 삼지 못했기에　弓王不鑑前車覆
황폐해진 옛 성터에 고라니가 노는구나　付與姑蘇麋鹿遊

1484년 성종 15 강원도 관찰사로 재직할 당시 철원에 들러 지은 시이다. 철원은 옛날 궁예가 세운 태봉泰封 후고구려의 수도였다. 태봉은 한때 반도의 3분의 2를 차지할 정도로 세력을 떨쳤지만, 말년에 궁예가 미륵을 자처하며 전제주의 정치를 추구하다가 왕건에게 밀려나 죽음을 맞이하면서 멸망했다. 태봉을 대신해 고려를 건국한 왕건은 기세를 몰아 삼국을 통일하였고, 그 뒤 고려는 오백 년 동안 왕조를 이어 갈 수 있었다. 오랜 세월이 지나 찾아온 철원 땅에는 태봉의 궁궐은 흔적도 찾아볼 수 없고, 허물어진 성루만 아스라이 남아 있다. 하지만 이제는 태봉을 멸망시키고 유구한 통일 왕조를 유지했던 고려도 역사의 뒤안길로 사라졌다. 철원에서 성현은, 궁예가 앞 시대 사람들의 전철을 밟음으로써 몰락을 자초하고 말았다고 탄식하였다. 유사 이래 얼마나 많은 나라들이 건국하고 멸망하기를 반복하였던가. 궁예가 왕건에게 패하지 않고 오래도록 강성한 나라를 유지했다면 우리 한반도의 역사는 또 어떻게 바뀌었을까.

영변 결승정
題寧邊決勝亭

겹겹의 높은 산과 깊은 못이 둘러싼 곳	千尺層巒萬丈潭
봄 깊으니 흐르는 물 쪽빛보다 푸르구나	春深流水碧於藍
드넓은 강물 위로 새는 홀로 날아가고	鳥穿浩蕩孤飛遠
물속에는 허공에 선 사람 모습 잠겨 있네	人在虛無靜影涵
들판에는 풀빛이 아득하게 펼쳐지고	羃野草光迷苒苒
온 산에는 꽃비가 흩날리며 떨어지네	覆巖花雨落毿毿
나는 와서 아름다운 경치나 구경할 뿐	我來但覓溪山趣
승부를 결판 짓는 병법 알지 못하도다	決勝韜鈐我不堪

1486년 성종 17 평안도 관찰사로 재직할 당시에 지은 시다. 평안도를 총괄하는 관찰사로서 경내를 순시하는 길에 영변의 결승정에 올랐다. 강과 산으로 둘러싸인 결승정은 봄날의 경치가 무척이나 아름다웠던 듯한데, 그 경치를 묘사한 성현의 시 역시 한 폭의 그림처럼 아름답다. 정자 이름이 '승부를 결판 짓다.'라는 뜻을 가진 데 착안하여 쓴 마지막 구에서 시인의 재치가 느껴진다.

연경궁 옛터에서

延慶宮古基

송악산에 푸른 솔이 울창하게 자랐더니	鵠峯蒼翠鬱參差
오백 년 긴 세월이 꿈결처럼 지나갔지	五百年華夢裏馳
풀 무성한 동쪽 못엔 둑이 아직 남았지만	草合東池猶有塢
구름 깊은 북쪽 전각 터는 이미 사라졌네	雲深北殿已無基
사헌부의 측백 늙어 산기슭에 꺾여 있고	霜臺柏老摧山麓
병부교는 위태롭게 시냇가에 걸쳐 있네	兵部橋危枕澗湄
옛일을 애도하며 시인이 술을 따를 제	弔古騷人來置酒
저물녘의 젓대 소리 비통함을 더해 주네	夕陽長笛不勝悲

1493년 성종 24에 개경開京 개성의 고려 때 이름의 연경궁 터에 들러 지은 시이다. 연경궁은 개성 송악산 아래에 있던 고려 왕조의 정궁正宮이다. 중간에 두 차례 화재를 겪었지만 중건하여 고려 말까지 궁궐로 사용하였는데, 공민왕 때 홍건적紅巾賊의 침입으로 소실된 뒤로는 다시 복구하지 못하였다. 그리고 얼마 뒤 고려 왕조도 멸망하고 말았다.

고려 왕조 오백 년간 정치의 중심지이며 권력의 상징이었던 연경궁. 허무하게 사라져 버린 옛 역사의 중심지에서 느낀 서글픈 감회가 고스란히 전해진다.

제3장

벼슬길에서 읊다

성현은 24세 때 문과 급제를 하여 승문원에 들어간 이후 40여 년간 관직에 몸담았다. 서거정으로 대표되는 관각 문학館閣文學의 계승자이며 음악에 조예가 깊은 예인이었지만, 공직에서 직분을 다하려 노력하는 모습은 여느 관원과 다를 바 없었다. 관찰사가 되어서는 지역 백성들의 고충을 해결하기 위해 동분서주하였고, 부산포에 파견되었을 때는 날뛰는 왜인倭人들을 보고 폐단을 걱정하였다. 그는 어떤 유형의 관원이었으며 관리로서의 영광과 고뇌는 어떠했을까.

조령을 넘으며
踰鳥嶺

백두대간 산세가 땅의 영기 갈무리해　白頭山勢藏坤靈
남쪽 땅에 높디높은 조령을 빚어내니　南作鳥嶺凌空青
아래로 백여 리의 땅을 내리누르고　下壓后土幾百里
하늘까지 솟구쳐서 별에 닿을 것만 같네　去天尺五可捫星
날카롭고 험한 바위 양과 범이 엎드린 듯　巉巖醜石伏貙虎
그림 병풍 펼친 듯이 붉고 푸른 낭떠러지　丹崖翠壁張畫屛
시내 옆의 대울타리 두른 초가 주막에는　竹籬茅屋依夾澗
가끔씩 길손들이 마당에 꽉 들어차네　行旅往往塡柴扃
관원들의 왕래가 잦기 때문에　冠蓋幾來往
정상에는 외로운 정자가 섰고　絶頂有孤亭
벼랑으로 위태로운 길이 나 있어　穿崖有危路
자욱한 구름 속을 지나야 하네　去入雲冥冥
수풀을 뒤흔들며 광풍이 몰아치고　狂風號怒振林木
물동이로 퍼붓는 듯 거센 비가 쏟아지니　大雨滿空如建瓴
만 골짝에 떨어지는 성난 폭포가　怒瀑瀉萬壑
천둥 벼락 치는 듯이 요란하구나　傑響驅雷霆

어명 띠고 영남으로 가는 몸이라 嶺南繡衣使
잠시도 말을 멈출 수가 없으니 駟騎不暫停
나랏일을 소홀히 할 수 없기에 王事自靡盬
편히 있지 못하고 달려가도다 奔走無由寧
어느 때나 이 험한 산길을 다 지나가 何時過盡崔嵬途
강가의 아름다운 누각에 올라가서 朱樓翠竹臨江汀
가야금과 피리 소리 흥 돋우는 가운데에 排陳絲竹咽左右
천 병 만 병 좋은 술을 따라 함께 마시면서 千壺萬壺開金醽
오늘의 이 고생을 함께 말하며 共說此時苦
세상 잊고 취하였다 깼다 하려나 翛然任醉醒

1477년 성종 8 5월에 유구국 사신 내원리주 일행을 접대하기 위해 부산포로 내려가는 길에 지은 시이다. 조령은 반도 중앙에 위치한 천연의 요새로서 임진왜란 후에는 군사 요충지로 꼽혔으며, 지형이 험하지만 서울과 영남을 가장 빨리 오갈 수 있는 주요 교통로이기도 하였다.

당시 성현은 장마철의 비바람을 뚫고 조령을 넘어야 했다. 나쁜 기상 여건 속에 험준한 고개를 지나면서도 장엄한 산세와 곳곳에 펼쳐지는 아름다운 경치에 눈길을 빼앗기지 않을 수는 없었다. 하지만 동이로 퍼붓는 듯이 쏟아지는 비와 숲을 뒤흔드는 바람 속에 쉬지도 못하고 강행군을 하는 일정이 힘겨운 것은 사실이었기에, 어서 험준한 고개를 벗어나 임무를 완수한 뒤 편안히 한잔 술을 마시며 오늘의 고생담을 추억으로 이야기하는 날이 오기를 바란다고 토로한 것이다.

폭우가 내리는 부산포에서 유구 사신을 선위하다

往釜山浦 宣慰琉球使臣 是日大雨

성상의 명 받들고 대궐에서 내려와서	跪捧綸音下紫宸
한 병 술로 먼 나라의 사신 맞아 위로하네	一壺迎慰遠來人
풍파 거센 바다에는 남과 북이 아득한데	風濤海微迷南北
담소하는 당 안에는 마주 앉은 주인 빈객	談笑堂中作主賓
거나한 술기운에 빈객 얼굴 붉어지고	酒挾春光醺客面
은택 섞인 비가 내려 은하수를 가렸어라	雨和恩澤暗天津
남방의 소수 민족 앞다투어 교화되니	雕題卉服爭投化
변방에 영원토록 전쟁 먼지 없으리라	邊圉年年不動塵

부산포에서 유구 사신을 선위하던 날 지은 시이다. 율시 한 수에 불과하지만, 이 시에는 성현이 영남으로 내려가게 된 경위와 목적 등이 자세히 드러난다.

1477년에 유구국 사신이 부산포에 당도하자 조정에서 관원을 보내 선위한 뒤 한양으로 올라오게 하여 연회를 베푼 기록이 『성종실록』에 보인다. 그러나 이때 파견된 관원이 누구인지는 언급한 바가 없는데,

이 시를 통해 성현이 당시 선위사로 파견되었음을 추측할 수 있다. 장마철 장대 같은 빗줄기 속에 영남과 한양을 분주히 왕래한 이유가 바로 여기에 있었던 것이다.

폭우로 낙생역에서 발이 묶이다

阻雨樂生驛 用前韻

삼대 같은 빗줄기가 뜰에 마구 쏟아지고　　雨脚如麻亂入庭
바람 불어 낙숫물이 창문으로 들이치네　　風回簷溜射牕櫺
물이 산을 덮었다는 말 들으니 시름겹고　　愁聞水勢侵山暗
섬돌 덮은 파란 이끼 보기에도 두렵구나　　怕見苔痕滿砌靑
귀로에 저자도를 찾으려고 해 보지만　　歸路擬尋楮子島
조각배로 제천정에 도달하긴 어려우리　　扁舟難達濟川亭
밤늦도록 남쪽 지방 돌아본 일 얘기하며　　夜深共話南遊事
등불 심지 다 돋우니 불빛 하나 반짝이네　　挑盡寒燈一點星

유구 사신을 맞이하여 한양으로 올라가던 길에 과천果川의 낙생역樂生驛에 머물며 지은 시이다. 성종이 유구국 사신을 한양으로 올라오게 하여 연회를 베풀려 하였는데, 여름철 큰 장마로 물이 불어나 일행이 며칠 동안 낙생역에 발이 묶인 채 움직이지 못하게 된 것이다. 그러자 조정에서는 육로 대신 배를 이용해서 한강 저자도楮子島 근처의 제천정濟川亭까지 올라오도록 조처하였다. 그곳에서 사신을 영접하는 예를 행하도록 되어 있었기 때문이다. 그러나 한강 물이 엄청나게 불어나서 그마저도 쉽지 않은 상황이었다. 국가 차원의 외교 사절 접대가 홍수로 차질을 빚게 되었으니, 일을 주선하는 담당 관원으로서 겪었을 난감함이 짐작되고도 남는다. 성현은 무사히 성종의 연회에 참석한 사신 일행을 데리고 부산포에 내려가서 전송하는 것으로 임무를 완수하였다.

왜구를 걱정하다
患倭

육십 개의 고을로 된 영남 지역은	嶺南六十州
산하가 참으로 살기 좋으니	山河眞樂土
영웅과 고관대작 배출된 데다	英雄名宦區
고을 재정 넉넉하고 부자도 많네	公私財寶藪
바다 어귀 천연적인 요해처로는	海口要害地
삼포만큼 뛰어난 곳이 없는데	未有如三浦
도대체 어떤 이가 단서를 열어	誰令肇權輿
왜놈들이 무리 지어 살게 하였나	異類亂成聚
처음에는 교화와 풍속 따르며	初來慕風化
서너 집이 모여서 살 뿐이더니	只有三四戶
오랜 세월 지나면서 자꾸 늘어나	歲久自繁夥
수백 호가 촌락을 이루었어라	千百爲村塢
왁자지껄 오랑캐 말 지껄이면서	鴃舌調啁啾
번쩍이는 오랑캐 옷 몸에 걸치고	卉服錯文繡
점차 우리 백성들과 이웃해 살며	漸接平民居
밤낮없이 물건을 팔고 사누나	晨昏互商賈

대마도 사람들은 살림살이가　　聞道對馬州
말 못 하게 곤궁하다 들어 왔는데　　其人甚貧窶
달마다 빠짐없이 왕래하면서　　往來無虛月
주인과 빈객으로 교류하였네　　相從作賓主
험한 바다 바람처럼 쉽게 건너고　　飄颻輕險道
줄을 지어 노 저어서 달려오거든　　絡繹振鳴艫
변방 장수 길옆에서 이들을 맞고　　邊將迓路旁
고을에선 묵을 곳을 청소하누나　　州人掃官府
조정에서 품계 높은 관원을 보내　　朝廷遣達官
때때로 내려와서 위무해 주니　　有時來宣撫
상 위에는 산해진미 잔뜩 오르고　　盤飧媚水陸
미인들은 노래하고 춤을 추는데　　粉黛鬧歌鼓
고함치며 스스로 술을 따르고　　懽呼自酬酢
춤추는 사람 소매 끌어당기네　　翩翩彎袖舞
접대가 조금 맘에 들지 않으면　　待之少乖意
그때마다 제멋대로 성질부리니　　輒復肆嗔怒
통역관이 빙자하여 뇌물 요구해　　譯士憑誅求
역참에서 괴로움을 못 견디도다　　官郵不勝苦
선발대가 돌아가지 않고 있는데　　前去未回旋
후발대가 곧바로 또 들이닥치고　　後來亦旁午
교역하는 배 크기를 정해 뒀지만　　雖辨船大小

교활한 계책으로 인원 속이니　狡計眩名數
겉으로는 예의 문명 사모하지만　外若慕華風
실제로는 교만한 오랑캐일 뿐　內實作驕虜
변변찮은 물건을 가지고 와서　所持只錙銖
너무나도 많은 것을 요구하는데　所須亦已普
고식적인 방책으로 받아만 주니　因循務姑息
저들이 또 요행수를 바라는 거네　彼亦甘戲賭
농부는 땀 흘리며 논밭을 갈아　匹夫耕田畝
고생하며 벼와 기장 심고 가꾸며　辛勤種黍稌
부녀자는 쉬지 않고 베틀을 돌려　匹婦弄機杼
밤낮으로 길쌈에 여념 없는데　晨夜治萬縷
별안간에 끝이 없는 욕심을 부려　一朝輸溪壑
이것저것 제멋대로 다 쓸어 가니　盡物恣所取
말하려면 목이 메어 말이 막힐 뿐　言之可嗚唈
끝내 무슨 도움이 될 수 있으랴　畢竟嗟何補

후략

조선은 건국 후 왜인들의 무질서한 왕래와 무역을 규제하기 위해 제포, 부산포, 염포를 개항하고 왜관倭館을 설치하였으며, 왜관에 장기간 거주하는 왜인의 수를 총 60호로 제한하였다. 그러나 그 수가 점차 늘어나 1474년성종 5에는 이미 400여 호에 2000명을 넘어섰고, 이처럼 거주하는 왜인이 계속 증가하면서 갖가지 사회 문제가 대두되었다. 처음에 왜인들은 어업이나 농업을 주업으로 하였으나, 점차 불법적으로 정해진 지역을 이탈하여 거주 지역과 경작 면적을 확대해 갔다. 이들은 조선에서 무역이나 경작 등에 대해 면세 혜택을 받았지만, 대마도주對馬島主에게 공물로 많은 면포를 바쳐야 했다. 그 결과 삼포에 그들 나름대로 거류 왜인을 총괄하는 조직체를 형성하기에 이르렀는데, 이 조직체는 이후 1510년중종 5에 발생한 삼포 왜란의 주동자 역할을 하게 된다. 이렇듯 삼포 왜관 문제는 조선 정부에 상당히 골치 아픈 사안으로 부각되고 있었다. 그러나 지나치게 원칙을 강조하다가 반발을 사서 분쟁이 발생할 것을 염려한 조정에서는 적당한 선에서 저들의 요구를 들어주면서 무마하려 하였다.

아직 외교 문제를 논할 만한 위치에 있지도 않고 정치적 경력도 얕지만, 성현 역시 조정 관료로서 이런 문제를 모를 리 없었을 것이다. 그러던 차에 유구 사신을 전송하기 위해 부산포에 내려갔다가 왜관에서 벌어지는 왜인들의 불법 행위와 각종 폐단을 목도하게 되자, 사안의 중대성을 더욱 절감하고 이 시를 짓게 된 것이다. 시의 뒷부분에서 성현은 앞으로 더 큰 환란이 발생하지 않게끔 쌍방이 정한 규정을 엄격히 준수해 나가도록 조처해야 한다는 의견을 피력하였다. 이는 성현뿐만 아니라 당시 많은 관료와 지식층의 공통된 인식으로 보인다.

판결사에 제수되다
拜判決事

늙은 이 몸 평생토록 경서만 읽었기에	老我生平但學經
복잡하게 얽힌 사건 다룰 능력 없건마는	難得盤錯發新硎
죄를 용서받자마자 괴로운 일 또 맡으니	纔逃罪網還遭苦
정신 수양 안 된 데다 육체는 또 고달프네	未養精神又惱形
엄청나게 많은 문서 책상 위에 쌓여 있고	狼藉簿書堆滿案
노복들은 뜰에 가득 부산하게 오고 가네	紛紜輿隸競盈庭
푸른 봄의 좋은 경치 공연히 내던지고	靑春桃李空抛擲
양 귓가에 쓸쓸한 백발만을 얻었구나	贏得蕭疎兩鬢星

1481년 성종 12 4월 우승지에서 파직된 성현은 1482년 3월에 판결사로 기용되었다. 조정에 다시 나가 벼슬살이를 하게 된 것이 기쁘면서도, 복잡하게 얽힌 형사 사건을 판결하려니 머리가 아프고 몸도 고달프다. 세상살이란 이렇게 얻는 것이 있으면 잃는 것도 있게 마련이지만, 한창 아름다운 봄날의 경치를 즐기지 못하고 골머리를 썩이느라 흰머리만 늘어 가는 것이 아쉽다며 푸념해 본다.

다시 승정원 우승지가 되다

復入銀臺爲右承旨

길에 고인 물 속에서 헐떡이던 물고기가　　久沈涸轍作窮鱗
움츠렸던 몸을 쭉 편 자벌레가 되었으니　　一屈終成尺蠖伸
승정원 우승지로 다시 기용되어서　　更向銀臺作喉舌
구슬 신발 신고서 대궐 계단 오르누나　　還拖珠履上星辰
온 마을에 생기 돌고 친구들도 기뻐하니　　光生里巷親朋喜
뿌리까지 적셔 주는 성은이 새롭지만　　恩洽根荄雨露新
부끄럽게 풍채가 나날이 왜소해져　　却愧風情日消縮
허수아비 같은 몸에 머리 모두 세었어라　　形骸如梗鬢如銀

승정원 우승지에서 파직된 성현은 거의 2년이 지난 1483년 성종 14 2월에 45세의 나이로 같은 직책에 복직되었다. 불명예스럽게 파직되어 아무래도 심적으로 위축되었을 것이고, 벼슬에서 물러나 있는 동안 경제적으로도 타격이 없지 않았을 것이다. 그간의 형세를 수레바퀴 자국에 고인 물에서 헐떡이는 물고기에 비유하고, 이제는 자벌레가 몸을 움츠렸다가 편 것처럼 뜻을 펼칠 수 있게 되었다고 말한 것은 그 때문이리라. 이웃 사람들과 친구들의 축하를 받으며 대궐에 다시 나아가게 된 것이 영광스럽기는 하지만, 늙어 쇠약해진 몸과 희끗희끗해진 머리로 동료들과 나란히 봉직할 것을 생각하면 부끄러운 마음이 앞선다고 하였다.

순행 도중에 폭설을 만나

仁嵐途中遇雪

먹구름이 눈송이를 빚나 싶더니	濃雲初釀雪
금세 너른 들판에 뿌려 대는데	倏忽灑平蕪
언덕 위에 버들개지 살포시 날듯	柳絮輕飄岸
길바닥에 거위 털이 떨어지는 듯	鵝毛亂撲途
맹렬하게 부는 바람 칼날 같아서	獰飆如利劍
지친 몸이 추워서 덜덜 떨리며	寒粟滿羸軀
녹은 눈이 흘러 코를 훌쩍거리고	液漏頻吹鼻
수염에는 고드름이 대롱거리네	氷堅或帶鬚
먼 들판에 눈이 날려 아스라한데	長郊迷縹渺
위태로운 벼랑으로 난 길을 가니	危棧陟崎嶇
모자는 작은 데다 소매는 넓고	帽短多穿袂
엉성한 도롱이는 착 달라붙네	蓑疎巧襯膚
눈에 찍힌 말발굽은 은술잔 같고	銀杯煩散落
나무들은 온통 눈을 덮어썼으니	玉樹正糢糊
행역의 고달픔이 슬프긴 해도	縱是悲行役
경치는 그림처럼 아름답구나	眞堪作畫圖

높은 집에 호위병을 벌여 세우고　　高堂羅隼鶻
따뜻한 방 털방석에 앉은 이들은　　深屋煖氍毹
관동으로 왕명을 받들고 나와　　應笑關東使
홀로 읊는 늙은 선비 비웃으리라　　孤吟一老儒

1483년 성종 14 11월 강원도 관찰사로 부임한 뒤 겨울 순행을 나섰다가 폭설을 만난 일을 기록한 것이다. 눈보라가 몰아쳐 눈을 뜨기조차 어렵고 추위를 이기지 못해 온몸이 덜덜 떨리는데, 사방에는 험한 산만 끝없이 펼쳐져 있다. 칼바람이 살을 에는 듯하고 젖은 옷이 몸에 달라붙어 정신을 차릴 수 없는 상황이다. 공무가 아니라면 한겨울 산속에서 이런 고생을 할 이유가 없을 것이라고 생각하다가도, 잠시 눈을 돌려 둘러보면 눈에 뒤덮인 은세계가 너무도 아름다워 마음을 빼앗기게 된다. 도성에서 편안히 지내고 있을 동료 관원들이 지방관의 이런 고충을 알기나 할까 싶고, 나이 들어 관찰사로 나와 동분서주하는 자신이 측은하게 생각되기도 한다. 성현 자신도 도성에 있을 때는 미처 짐작하지 못했을 법한 지방관의 애환을 사실적으로 그려낸 작품이다.

폭풍이 몰아쳐 양양에 머물다

大風 留襄陽

산에 구름 뒤덮이고 눈송이가 날리다가	山雲黯黯飛雪花
눈 그치자 거센 바람 사흘 동안 몰아치니	雪後飛廉三日譁
문풍지는 슬피 울고 집들은 쓰러질 듯	窓櫺悲鳴室欲倒
나무들은 춤을 추고 모래 먼지 자욱하네	萬木掀舞吹塵沙
휘장에 물이 튀고 베개는 쇠처럼 차	羅幃潑水枕如鐵
병든 객이 잠 못 들고 자라목을 하고 있다	病客無眠頭縮鱉
약탕기에 약을 달여 위장을 데워 주고	石鐺煮藥煖腸胃
화로에 불을 피워 야윈 몸을 녹이누나	獸鑪熾炭熏瘦骨
추위에 눈을 뚫고 험한 산길 넘느라고	冒寒穿雪凌險阻
허벅지 살 다 빠지고 몸은 녹초 되었어라	髀肉已消身苦楚
한림원의 학사들은 좋은 술에 취할 텐데	鑾坡群彦醉金觴
나만 홀로 먼 타향의 나그네가 되었구나	獨向天涯作羈旅

앞 시와 마찬가지로 1483년 성종 14 겨울에 지은 시이다. 매서운 한파 속에 경내를 순행하다가 거센 바람을 만나 양양에서 묵게 되었

다. 눈보라와 혹한을 뚫고 험준한 산을 넘어 다니느라 살은 빠지고 몸도 녹초가 된 상태이다. 잠시 약탕기에 데운 약을 마시고 화롯불에 몸을 녹이려니 대궐에서 일하던 때가 그리워진다. 지금쯤 함께 근무하던 동료들은 왕이 내려 주신 술을 마시며 즐거워할 텐데, 자신만 먼 타향에 떨어져 있는 것 같아 잠시 서글퍼진다. 겨울 한파가 몰아치는 강원도 지역을 순행하는 지방관의 고충이 느껴진다.

중국으로 가다가 요동에서 병이 나다
到遼東有病

먼지 날고 질척이는 길을 가다 병이 나서	炎塵漲路病侵身
도착해선 몸을 더욱 못 가누네	行到遼陽轉苦辛
침상에서 집 그리워 자주 눈물 흘리는데	枕上思鄉頻有淚
방 안에는 병간호를 해 줄 사람 또한 없네	堂中侍疾亦無人
타향 땅의 계절이 시름 곁에 지나가니	異邦節序愁邊過
노년의 생애란 게 한바탕 봄꿈인 듯	老境生涯夢裏春
신선으로 변했다가 천 년 만에 학이 되어	誰似化仙千歲鶴
요동성에 돌아왔던 사람이 부럽구나	歸來華表識城闉

1485년 성종 16 봄에 천추사千秋使가 되어 중국으로 사행을 떠났다. 요동 벌판의 뙤약볕과 먼지 속을 지나고 곳곳에 강이 범람하여 질척이는 길도 지나야 하는 힘든 여정 때문인지, 도중에 병이 나고 말았다. 먼 객지에서 병까지 나고 보니 고향 집이 더욱 그립건만, 여관에서 며칠을 몸져누워 앓아도 병시중해 줄 사람 하나 없다. 그 와중에도 세월은 흐르고 계절은 변해 가니, 한바탕 꿈같은 인생사가 더욱 허망하

게 느껴진다. 옛날 한漢나라 때 요동 사람 정영위丁令威가 신선술을 배워서 천 년 만에 학이 되어 고향으로 돌아와 성문城門의 화표주華表柱에 앉았다는 이야기가 전하는데, 자신도 그처럼 훨훨 날아 고향으로 돌아가고만 싶어진다.

평안도 관찰사가 되어 평양으로 부임하다

入平壤府

평양성에 이르러서 교서를 선포할 제　　芝詔來宣五色文
대동강엔 빽빽하게 들어찬 그림배들　　畫船如簇浿江濱
깃발 그늘 사이로는 관원들이 달려가고　　旌旗影裏衣冠走
기녀들은 부산하게 북과 피리 연주하네　　羅綺叢中鼓笛紛
죽마를 탄 아이들은 개처럼 설쳐 대고　　騎竹兒童狂似犺
길을 메운 사녀들은 운집하여 왁자지껄　　塡街士女鬧如雲
평양 백성 모두들 존경의 뜻 표시하며　　都人手額爭相持
천추사와 강원 감사 지냈다고 얘기하네　　此是朝天舊使君

1485년 성종 16 중국에서 돌아온 성현은 한성부 좌윤과 우윤을 거친 뒤 1486년 봄에 평안도 관찰사로 부임하였다. 평안도는 국경 지역에 위치하여 국방 및 외교상 중요한 관문 역할을 하였고, 중국과 조선의 사신들을 영접하고 전송하는 일을 담당하기도 하였다. '평안 감사도 저 싫으면 그만이다.'라는 속담에서도 알 수 있듯이 평안도 관찰사는 모두가 선망하는 자리였다. 국경 지대라 관찰사의 권한이 다른 지역에 비해서 크고, 중국의 진기한 물건을 얻기도 쉬웠기 때문이다. 그 밖에 경내의 경치가 아름답고 미녀가 많아 주색의 향연을 즐길 수 있었다는 점 등도 그 이유로 거론되곤 한다. 평양 부윤을 겸임한 평안도 관찰사가 부임할 때면 엄청나게 성대한 잔치가 열렸다고 한다. 이러한 사실은 18세기 후반 김홍도가 그린 「평양감사향연도平壤監司饗宴圖」라는 그림을 통해서도 확인할 수 있다. 성현은 자신을 맞이하는 성대한 환영식과 이를 구경하러 몰려나온 인파를 바라보며 평안도 관찰사라는 직책의 위상을 새삼 실감했던 듯하다.

방산진
宿方山鎭

시내 건너 험준한 고개를 넘어　　渡溪逾峻嶺
저물녘에 도착한 외로운 군영　　斜日到孤營
해자에는 세 겹의 목책을 치고　　塹設三重柵
언덕에는 십 리의 성을 둘렀네　　原環十里城
변방의 조치 모두 적절한 데야　　邊庭皆妥帖
외적들이 어찌 감히 날뛰겠는가　　寇盜敢縱橫
촌락의 백성들이 아무 탈 없이　　村落民無事
화락하게 들판에서 밭을 가누나　　熙熙遍野耕

방산진은 국경 지역에 자리 잡은 여러 군진軍鎭 중의 하나로, 압록강을 낀 평안도 의주목義州牧에 속했다. 군진에는 군사들 외에 농사짓는 백성들도 함께 살았다. 백성들은 여름에는 흩어져서 농사를 짓고, 겨울이 되면 성안으로 들어와 겨울을 나야 했다. 한 도를 관할하는 책임자로서 군진을 시찰하여 외적에 대한 방어 태세를 확인하고, 백성들이 탈 없이 살아가는 모습에 안도하였다.

벽단진
題碧團鎭

성안에 빽빽하게 들어선 판잣집들	城裏參差板屋多
겨울 내내 백성들의 생활 몹시 어렵더니	三冬計活苦蹉跎
지금은 풀린 강이 오랑캐를 막아 주어	如今江水限南北
들판으로 산비탈로 흩어져서 밭을 가네	人散郊原牛散坡
강가에 산봉우리 병풍처럼 솟았는데	江上峯巒聳畫屛
산 그림자 물에 비쳐 물가가 푸르구나	螺鬟倒影水邊青
어여뻐라 은은하게 솔숲을 비추다가	更憐隱映松間照
남은 빛을 흩어서 저녁 강을 수놓았네	分散餘輝嫩晩汀

벽단진은 평안도 벽동군碧潼郡에 속했던 군진이다. 봄이 되어 얼었던 압록강이 녹으니 오랑캐가 결빙된 강을 건너 침략해 올 염려가 없어졌다. 좁은 성안에서 힘겹게 겨울을 난 변방 백성들이 들과 언덕으로 흩어져 밭갈이를 할 수 있게 된 것이다. 따뜻한 계절이 돌아와 국경 방어와 민생 문제 둘 다 마음을 놓을 수 있게 되었음을 확인하고

나니 그림같이 아름다운 주변 경관이 눈에 들어온다. 병풍처럼 둘러 친 푸른 산봉우리가 강물에 비치고, 소나무 숲을 비추던 석양빛은 저무는 강물로 퍼져 가고 있다.

고사리진
宿高沙里鎭

산에 기댄 성첩이 강 언덕에 자리하고　　石堡憑山枕水崖
성안에는 수십 가구 백성들이 사는데　　城中數十吏民家
오랑캐를 막느라고 밤마다 야경 돌고　　防胡夜夜鳴刁柝
조 심느라 사람들은 자갈밭을 개간하네　　種粟人人墾石沙
숲속에는 조롱조롱 신 자두가 열렸는데　　苦李林間多結子
바위 아래 고사리는 이미 세었어라　　芳薇巖底已剛芽
변방 지역 경물이란 어찌나도 암담한지　　邊庭景物何愁慘
나그네 시 지으며 여러 차례 탄식하네　　過客詩成屢發嗟

성현은 의주에서 동북쪽으로 벽동을 거쳐 다시 강계부江界府에 이르렀다. 고사리진은 강계에 속한 진으로 '고산리진高山里鎭'이라고 부르기도 하였다. 국경 지대라 밤이면 군사들이 야경을 돌고, 비옥한 농지가 없는 산간 지대의 백성들은 자갈밭을 개간하여 조를 심느라 바쁘다. 숲속의 신 자두와 산나물로 연명하는 백성들의 곤궁한 생활을 둘러보니 암담한 마음에 절로 탄식이 나온다.

거친 날씨를 무릅쓰고 북경을 향하다

過湯站 復阻大河 留三日

질척이는 광활한 들판을 지나	沮洳原野闊
어둑해질 무렵에 냇가에 닿아	日暮到溪潯
개미처럼 빽빽하게 서 있으려니	簇立紛如蟻
도리어 날아가는 새가 부럽네	翔飛反羨禽
산으로 가려 하니 너무도 멀고	登山嫌路遠
들길은 넘친 물에 잠겼을 듯해	依壟畏波侵
바지 벗고 탔던 말을 끌어당기며	脫袴攀鞍馬
밧줄을 연결하여 나무에 매네	聯繩繫柳林
끌고 잡고 물 헤치며 건너가다가	扶携相撇烈
낭패하여 반은 물에 빠져 버리니	狼狽半浮沈
찬물에 겁이 나서 몸은 떨리고	怯冷身顫戰
위태로운 곳에서는 머리가 쭈뼛	臨危髮豎森
물살 험한 작은 시내 지나자마자	纔離小溪險
다시 깊은 큰 강이 가로막는데	復値大河深
많은 비로 물이 엄청 불어난 데다	積雨肥添水
짙은 구름 온통 산을 덮고 있구나	愁雲暗蔽岑

옷 말리려 다투어 불을 지피고	爆衣爭研木
쌀이 없어 너도나도 삼을 달이니	乏米競烹蔘
끼니마다 고기 먹는 높은 사람들	肉食朱門裏
나라 위해 애쓰는 마음을 알까	誰知靡鹽心

1488년성종 19 7월 성현은 사은사로 중국에 파견되었다. 이해에 홍문관 교리 최부崔溥가 제주에 갔다가 표류하여 중국 절강성浙江省의 항구에 닿았는데, 명나라에서 이들 일행 43명을 우리나라로 돌려보냈다. 성현의 사행은 이를 사례하기 위한 것이었다. 최부의 표류 사건은 『금남표해록錦南漂海錄』이라는 책으로 간행되기도 하였다. 중요한 임무를 띠고 가는 외교 사절단인 만큼 일정을 맞추어야 했지만, 당시 중국 북쪽 국경 지역은 폭우가 쏟아지고 곳곳마다 길이 끊겨 이루 말할 수 없이 고생스러웠다. 나무에 줄을 매어 몸에 묶고 범람한 강물을 건너고 나면 앞에는 더 큰 강이 가로놓여 있고, 기상 상황도 나아지지 않아 하늘에는 금방이라도 비가 쏟아질 듯이 먹구름이 덮여 있다. 불을 피워 다 젖어 버린 옷을 말리고, 양식이 떨어져서 여행 경비로 사용하기 위해 가져간 인삼을 달여 허기를 달래야만 했다. 과거 중국을 오간 사신들이 몇 달이나 소요되는 사행길에서 겪었을 고충을 짐작하게 하는 시이다.

제 4 장

풍자하고 비판하다

성현은 소탈한 성품의 소유자였지만, 조정의 잘못된 정책이나 국왕의 허물 등에 대해서는 비판과 충고를 주저하지 않았다. 「청산백운도青山白雲圖」를 보여 주며 자랑하는 성종에게 백성들의 생활상을 그림으로 그려 놓고 늘 살펴보라고 넌지시 충고하고, 명나라 환관 정동鄭同과 강옥姜玉에게 휘둘리는 조정의 무능함에 분개하기도 하였다. 연산군 때 부마 임숭재任崇載를 장악원 제조에 제수한 것을 비판한 일로 갑자사화 당시 부관참시되었던 것도 그와 같은 맥락이라 하겠다.

궁중에 소장된 산수도를 보고
奉教題內出山水圖

누구던가 광대한 대자연에 마음 쏟아　誰人磅礴費心思
붓끝으로 한 폭의 기이함을 옮긴 사람　幻出毫端一端奇
고목과 굽은 절벽 원근이 헷갈리고　古木回巖迷遠近
층층의 누각들은 들쭉날쭉 솟았으며　層樓複閣聳參差
천 겹의 초목들은 하늘까지 닿아 있고　千重疊穎凌雲漢
백 갈래 폭포수는 바위 위로 쏟아지네　百道飛泉灑石碕
위태롭고 험한 것은 산수만이 아닐지니　不獨險危山與水
민심이 험한 곳도 잘 살펴야 하리라　民心嵒處要深知

1479년성종 10 무렵의 작품으로 보인다. 이해에 성현은 사간원 대사간을 거쳐 성균관 대사성이 되었다. 성종 연간은 조선 건국에 따른 제도 정비가 거의 완료되고, 사림파를 적극 기용하여 훈구파의 전횡을 막는 등 정국도 비교적 안정적으로 운영되었던 때이다. 이에 따라 음악, 미술 등 문화와 예술 분야도 크게 발전하였으며, 사대부 계층에서는 좋은 그림을 소장하는 풍조가 유행하였다. 서화에도 능한 성종은 이러한 분위기를 대변하듯 때때로 궁중에 소장되어 있던 산수화를 꺼내 신하들에게 보여 주며 감상한 바를 시로 짓도록 하였다. 왕이 소장한 그림이라면 당대 최고의 작품이었을 터인데, 성현의 시는 그림에 대한 찬사로만 일관하지 않는다. 멋진 경치를 그린 산수화 속에는 울퉁불퉁한 바위와 가파른 절벽, 거센 기세로 쏟아지는 폭포가 있다. 그러나 위태롭고 험한 것은 산수만이 아니다. 선량하고 온순한 백성들도 상황에 따라서는 험하고 난폭하게 변할 수 있다. 군주는 모름지기 백성들이 난폭하게 변하지 않고 선량한 본성대로 살아갈 수 있도록 잘 살펴야 한다는 뜻이 담긴 말이었다. 귀한 산수화를 신하들에게 자랑하려다가 뜻하지 않게 충고를 듣게 된 성종이 어떻게 반응했을까 궁금해진다.

궁중에 소장된 「청산백운도」를 보고

奉敎題內出靑山白雲圖

가깝고 먼 봉우리엔 산안개가 자욱하고	煙嵐遠近罩層巒
바위 골짝 구불구불 절로 깊게 서렸는데	巖谷逶迤自鬱盤
한 가닥의 맑은 이내 구름처럼 비껴 있고	一抹晴嵐橫靄靄
천 겹의 바위산은 까마득히 솟았어라	千重瘦骨露巑岏
돌에 붙은 이끼로 낭떠러지 축축하며	莓苔點石蒼崖潤
하늘까지 나무 자라 산 빛이 차갑구나	樹木連天玉嶂寒
급한 여울 숲을 뚫고 콸콸 흘러내리고	急流穿林來隱隱
시내에는 위태롭게 다리 길게 걸렸는데	危橋跨澗接漫漫
대울타리 객점 옆에 마을은 고요하고	竹籬茅店村虛靜
불당이 자리 잡은 골짜기는 널찍하네	佛宇禪龕洞府寬
이렇게도 기막히게 산수화를 그렸는데	可是良工描寫巧
선경 묘사 어렵다고 말한 자가 누구인가	誰云異境轉移難
궐내에 신품 있다 들은 지가 오래인데	久聞祕府傳神品
속세에서 멋진 경관 보게 되어 기쁘구나	却喜塵寰得勝觀
산수화는 취미 삼아 보는 걸로 충분하니	山水只堪供玩好

「무일도」*로 편안함을 경계하길 바라노라 願圖無逸戒居安

승지로 재직하던 1480년성종 11에 지은 시이다. 성현은 이때 궁중에 있던 안견安堅의 「청산백운도」를 감상한 일을 『용재총화』에도 기록하고, "그 그림은 참으로 훌륭한 보배이며, 안견 스스로도 평생의 정력이 담긴 작품이라고 말했다."라는 평을 덧붙이기도 하였다. 성종이 「청산백운도」를 신하들에게 보여 주고 시를 짓게 한 기록은 『성종실록』에도 보일 정도이니, 「청산백운도」에 대한 성종의 애정과 자부심이 어떠했는지, 이 그림이 당시 지식층에 얼마나 큰 반향을 불러일으켰는지 짐작할 수 있다. 그런데 「청산백운도」를 감상한 일을 『용재총화』에 자랑스럽게 적었던 성현은, 정작 그림을 감상하고 왕에게 올린 시에서는 풍자를 빠뜨리지 않았다. 임금은 산수화가 아니라 백성들이 힘겹게 살아가는 모습을 그림으로 그려서 늘 바라보며 안일함을 경계해야 한다는 것이었다. 아무리 훌륭한 그림이라도 산수화는 취미로나 감상하면 되는 것이고 정작 중요한 것은 땀 흘리며 힘겹게 살아가는 백성이라는 완곡한 충고였다.

* 무일도無逸圖 : 주周나라 주공周公이 성왕成王에게 일신의 편안함을 구하려 하지 말고 농사일에 종사하는 백성의 어려움을 알도록 노력하라고 훈계한 『서경書經』 「무일無逸」의 내용을 그린 그림이다.

춤추는 고니
舞鵝

만 리 밖의 해 돋는 나라에서 옮겨 와서	來自扶桑萬里遙
대군 댁의 동산에서 높은 기상 떨치니	東平園裏擅高標
활짝 펼친 날개에는 고운 깃이 꽂혀 있고	毰毸玉羽當翎揷
깨끗하고 하얀 털은 정수리에 드리웠네	皎潔霜毛彈頂飄
못가에서 춤출 때는 아가위꽃* 의지하고	騰舞池邊依棣萼
물결 위를 빙빙 돌며 태평성대 음악 듣네	翺翔波上聽簫韶
성상께서 귀한 물건 보배 삼지 않으시니	乾心不寶珍奇物
주제넘게 시를 지어 크신 덕을 찬양하네	敢作歌謠贊聖朝

1480년 성종 11 무렵의 작품으로 보인다. 일본에서 길든 고니 한 쌍을 보내왔는데, 성종이 이를 형 월산대군 月山大君에게 선물로 보냈다. 얼마 뒤에 성종이 월산대군의 집에 들렀을 때 마침 고니가 음악에 맞추어 빙빙 돌며 춤을 추었다고 한다. 성현은 이 시에서 월산대군에

* 아가위꽃 : 한 꽃받침에서 여러 송이가 뭉쳐 피어서 형제간의 우애를 비유한다.

대한 성종의 우애를 기리는 한편, 진기한 물건을 탐내지 않은 성종을 칭송함으로써 군왕이 마땅히 갖추어야 할 덕목을 간접적으로 드러내었다.

요동 참장 최승을 위로하며
鴨江上 慰遼東參將崔勝

중국의 북쪽 지역 지키는 부장副將으로 幽燕關外亞將軍
백발에 야윈 얼굴 늙어 더욱 기품 있네 白髮蒼顏老更尊
중국 사신 호송하여 먼 변방에 이르러서 護送皇華臨絶徼
임무 맡아 한가하게 군문에서 머무르네 謾分旌節駐轅門
여우 고기 사슴 고기 처음 상에 올라와도 庭前狐鹿初登俎
자리에서 활과 칼을 미처 풀지 않고 있네 帳裏弓刀半插鞬
맑은 덕과 몸단속이 더 나을 자 있겠는가 淸德檢身誰出右
말없이 옷과 노자 사양하고 돌려주네 謝還衣贐却無言

1480년성종 11 4월 명나라에서 태감太監 정동鄭同과 강옥姜玉이 사신으로 왔다. 정동과 강옥은 조선 출신으로, 명나라의 요구로 어려서 명나라에 가서 환관으로 복무하던 자들이다. 이들은 중국 조정의 위세를 등에 업고서 두 나라의 외교에 개입했을 뿐만 아니라, 앞서 여러 차례 사신으로 조선에 와서 극심한 위세와 탐욕으로 많은 재물을 요구하고, 개인적인 청탁을 하여 많은 폐해를 끼쳤던 인물이다. 이때에는 최승崔勝이 요동의 우참장右參將으로서 두 사신을 호위하여 왔고, 성현은 도사 선위사都事宣慰使가 되어 최승을 접대하였다. 그런데 최승은 탐욕스러운 두 사신과 달리 묵묵히 자신의 직책만 수행할 뿐 관례적으로 주는 옷이며 노자 등도 받지 않았던 모양이다. 성현은 지위도 높지 않은 일개 무관武官의 반듯한 인격에 감동을 받아 시를 지어 칭찬한 것이다.

탐욕스러운 중국 사신의 행태를 목도하고

天使鄭同姜玉 獻綾段縑帛金玉藥餌及御廚美味 無慮數千馱

진기한 토산물들 눈이 부실 지경이니	紛紛珍產爛揚光
바라보는 사람 모두 놀라 눈이 휘둥그레	擧目人人總駭惶
검은 용의 턱 밑에서 뽑은 구슬 만 개에다	探得驪龍珠萬顆
직녀의 베틀에서 자른 비단 천 필이네	織分天女錦千章
대궐에서 가지가지 귀한 음식 실어 내고	膳肴貴出天廚味
이국의 향기 나는 약재 멀리 실어 가네	藥餌遙輸異國香
밑도 끝도 없는 욕심 채우기가 어려우니	溝壑難盈多嗜欲
내탕고에 신하에게 내릴 물건 없겠구나	帑藏無物可堪償

앞 시에서 설명한 것처럼 태감 정동과 강옥의 횡포와 탐욕은 극심한 수준이었다. 명나라로 돌아가는 그들은 보물과 비단, 귀한 약재 등을 바리바리 내다 싣고, 대궐에서는 이들을 송별하는 음식을 내놓느라 바빴다. 그들이 무리한 요구를 해도 조선 조정에서는 명나라와 외교적인 마찰이 생길 것을 염려해 거절하지 못하였다. 약소국이 강대국의 눈치를 살피는 것은 피할 수 없는 일이지만, 이토록 치졸한 소인

배들에게 한 나라의 조정이 무력하게 휘둘렸으니 관료로서 모욕감과 자괴감을 견디기 어려웠을 것이다. 수백 년이 넘는 세월이 지난 지금의 우리 현실은 그때와 얼마나 달라졌을까.

장단의 묘소를 옮기는 일로 관원들이 함께 몰려가다
將遷長湍墓 相坡州朴墳

삼공이 명 받들고 육경이 뒤따르자	三公承命六卿隨
수종하는 노복들이 구름처럼 몰려가네	騶從如雲滿地馳
많은 인원 객관에 다 들어가지 못하여	到處館亭容不得
관인官印을 여기저기 마구 걸어 두었어라	金章顚倒掛軒墀
분분한 조정 계책 서로들 모순되고	紛紛廟算相矛盾
풍수 보는 사람들도 의견이 엇갈리니	風水諸人亦反唇
지하에다 명당을 물어볼 수 있다면	地下青烏如可問
어떤 이의 주장이 옳다 할지 모르겠네	未知誰僞復誰眞
사람은 비틀대고 말은 지쳐 벌벌 떠니	行人困頓馬凌競
찌는 듯한 무더위를 견뎌 낼 길이 없네	炎暍侵身耐不能
온종일 두보 시를 나지막이 읊조려도	終日沈吟少陵句
맨발로 층층 얼음 밟을 길이 없구나*	無因赤脚踏層氷

* 두보……없구나 : 두보의 「초가을 더위에 서류는 쌓이는데早秋苦熱堆案相仍」라는 시에 “남쪽에는 푸른 솔이 골짝을 덮었으니, 어찌하면 맨발로 층층 얼음 밟아 볼까.南望青松架短壑 安得赤脚踏層冰”라는 구절이 있다. 얼음처럼 차가운 물에 발을 담그고 싶다는 말이다.

연산군의 생모 폐비 윤씨의 묘소 이전과 관련된 시이다. 경기도 장단長湍에 있던 폐비 윤씨의 묘는 본래 돌보는 사람 없이 방치되어 있다가, 성종 20년1489에 '윤씨지묘尹氏之墓'라는 이름을 내리고 묘지기 두 명을 두어 제사를 지내도록 조처하였다. 연산군 3년1497에 묘소를 지금의 서울 동대문구 회기동인 양주楊州 천장산天藏山으로 이장하고 '회묘懷墓'라는 묘호를 붙였는데, 이 시는 묘소를 이전할 장소를 고르는 과정에서 벌어진 일을 다룬 것이다.

1495년 연산군이 즉위하자 윤씨의 신원伸冤 문제는 언제 터질지 모르는 뇌관과도 같은 사안이 되었다. 비참하게 생을 마감한 생모를 생각하는 연산군의 비통한 심정을 모를 리 없는 신하들이 윤씨의 묘소 이전을 반대하기는 어려웠을 것이다. 오히려 윤씨를 가여워하고 연산군의 입장에 동조하는 신하들도 있었다. 당시 도감都監의 제조로서 이장하는 일을 담당한 성현 역시 묘소 이전에 대해 크게 부정적이지는 않았던 것으로 보인다. 그는 장단의 묘소에 가서 지은 시에서 초라한 무덤을 보고 서글퍼하는 심정을 드러내기도 하였다.

그러나 마음이 급한 연산군은 무리하게 일을 강행하였다. 장소를 고르면서 명당이라는 민간의 기존 묏자리까지 후보지로 넣었고, 한여름 무더위에 많은 관원들을 파견하여 현장을 답사하게 하였다. 조정 대신들이 대거 출동하자 인마人馬가 길을 가득 메우고 객관에 사람들을 다 수용하지 못하는 사태가 초래되었다. 회묘를 조성할 때도 신하들을 급하게 다그쳤다. 아무리 명당이라고 해도 왕실에서 남의 집 묏자리를 넘보는 것이 좋게 보일 리 없다. 게다가 명당이라는 것도 풍수가들마다 내세우는 주장이 다르니, 과연 어디가 명당인지 어떻게 알 수 있겠냐는 것이다. 성현의 시는 완곡한 듯 보이지만 사실은 매우 비판적이다. 사람도 말도 무더위에 지쳐 허덕이니 시원한 그늘에서 찬물에 발이나 담그고 쉬고 싶을 뿐이라는 말뜻을 연산군이 조금이라도 헤아렸을지 모르겠다.

새 기녀를 뽑다
揀新妓

사람들은 외모로만 미의 기준 삼지마는　　人言悅目卽爲姝
가을 국화 봄 난초는 관점이 같지 않네　　秋菊春蘭藻鑑殊
기예만 보지 않고 미모까지 취하려니　　不獨取才兼取色
생선 눈이 진주 속에 뒤섞일까 염려되네　　却嫌魚目混明珠

연산군의 부적절한 처사를 비판한 시이다. 대궐에는 연회 때 가무를 담당하는 악공樂工과 악생樂生이 있었는데, 연산군은 민간의 기녀들로 이들을 대신하게 하고 기예技藝 외에 외모까지 겸비한 기녀를 뽑도록 요구하였다. 이렇게 선발되어 대궐에 들어간 기녀를 '흥청興淸', '운평運平'이라고 불렀는데, 얼마 지나지 않아 그 인원이 700명에 달하였다고 한다. 악공이 아닌 기녀를 대궐로 뽑아 들인다는 것은 기예보다 미모가 선발 기준이 된다는 뜻이기도 했다. 그렇지만 이런 문제는 통치 행위와 달리 내놓고 비판하기 쉽지 않을 법한데, 성현은 이 시에서 본말을 전도한 왕의 잘못을 완곡하게 드러내었다.

'그네뛰기'로 정시 시제를 명하다
庭試 命文士製半仙戲詩

우습게도 당 현종은 그네를 즐기다가	堪笑明皇戲半仙
태평하던 나라를 비린내로 물들였지	太平寰宇染腥羶
오늘 명한 시제는 탐락의 뜻 아니라	命題今日非耽樂
그 같은 허물 미리 경계하기 위함이네	要與臣僚戒十愆

역시 연산군에 대한 풍간을 담은 시이다. 과거 때의 시제試題는 귀감이 되거나 경계로 삼을 만한 전대의 정치, 역사적인 사건, 경서의 내용, 성현의 가르침 등을 출제하는 것이 관례였다. 그런데 연산군이 이례적으로 여인들의 그네뛰기를 정시庭試 시제로 출제하였다. 당나라 현종은 재위 초반에 능력 있는 인재를 등용하여 훌륭한 치적을 이뤘지만, 말년에는 양 귀비를 총애하고 이임보李林甫와 양국충楊國忠 등 소인배를 등용하였다가 안녹산의 난을 초래하여 온 나라를 혼란에 빠뜨린 황제이다. 현종이 한식날 비빈妃嬪들에게 궁중에서 그네를 뛰게 하고 이를 '반신선의 놀이半仙之戲'라고 부른 일은 탐락의 대표적 사례로 회자된다. 성현은 이 일을 거론함으로써 연산군의 처사

가 현종과 다를 바 없다는 뜻을 드러내었다. 하지만 왕이 '그네뛰기'로 시제를 낸 것은 탐락을 좋아해서가 아니라 현종이 저지른 잘못을 교훈 삼기 위한 것이라는 말을 덧붙임으로써 왕의 체면을 살려 주고, 자신이 왕의 노여움으로부터 빠져나갈 길도 만들어 놓았다. 예리한 비유와 역설적인 기법으로 연산군의 처사를 풍간한 것이다.

도성 안의 철거해야 할 민가를 조사하러 나가다
同工曹京兆府 看審城中可撤家舍

나라의 근본 되는 한강 북쪽 도성 땅은	根本神都漢水陰
좌청룡 우백호의 산에 안겨 아늑한 곳	山回龍虎窈而深
도읍한 지 백 년이라 대도회가 형성되니	百年煙火紛成聚
집집마다 노랫소리 음악 소리 시끌벅적	萬屋歌鍾正鬧吟
번화한 저자에는 사람이 넘쳐 나고	闤闠縱橫人似海
큰 도로가 교차되어 땅값이 금과 같아	街衢交錯土如金
앞다투어 놀고 있는 땅을 찾아 집을 짓고	爭尋隙壤開軒宇
산길을 점유하여 숲속까지 이르렀네	分占幽蹊傍樹林
대궐을 내려다볼 마음먹은 게 아니고	不是有心臨魏闕
우연히 땅이 없어 층층 산을 끊은 건데	偶因無地斷層岑
어느 누가 풍수설을 제대로 알겠는가	誰人能解靑烏術
부질없이 흰머리를 슬퍼함이 부끄럽네	愧我空悲白髮簪
신체가 아직까지 건강하다 자신하며	自信形骸猶矍鑠
억지로 힘을 다해 험한 산에 올랐어라	强扶筋力陟嶇嶔
중양절이 가까운데 높은 곳에 올라오니	重陽節近登高遠
들국화가 만개하여 한껏 술을 들이켜네	野菊花開滿意斟

친구들과 해후하여 취하도록 술 마시고	邂逅故人同酩酊
단란하게 가슴속의 생각들을 얘기하네	團圝今日暢胸襟
공무를 빙자하여 아름다운 모임 갖고	却憑官事成佳會
저물녘에 거나하게 취해서 돌아오네	半醉歸來日欲沈

성현이 한성부 판윤으로 있던 1499년 연산군 5 9월경에 지은 시이다. 당시 대궐이 내려다보이는 산기슭에 불법으로 들어선 민가를 철거하기 위해 한성부와 공조가 합동 조사에 나서게 되었다. 한성부에 도읍한 지 100년이 지나 땅은 좁은데 인구가 늘어남에 따라 땅값이 천정부지로 뛰어오르자, 가난한 사람들은 놀고 있는 국유지를 무단으로 점거하여 집을 지었다. 그러한 땅도 한계가 있으므로 점점 인적이 드문 산속에까지 집이 들어서고, 법으로 금하고 있는 대궐 뒤쪽 산기슭까지 침범하게 된 것이다. 대궐이 보이는 곳에 민가가 들어서자 조정에서는 대대적인 조사에 착수하였다. 그러나 살 곳이 없어 산비탈에 집을 지은 사람들에게 법을 들이대며 강제 철거를 명하는 것이 성현은 편치 않았다. 더구나 좌청룡 우백호의 산세를 끊는다는 풍수설까지 동원되는 것이 영 못마땅하였다. 양반 관료로서 평탄한 삶을 살았지만 항상 하층민의 입장에서 그들이 겪는 고충을 헤아리던 그였다. 그러나 공무를 수행할 수밖에 없는 관료로서의 한계를 잊으려는 듯 거나하게 취한 발걸음으로 험한 산을 내려올 뿐이다.

임금님의 사냥 행차

泉峴㔩駕觀獵 二十韻

동쪽 교외 수십 리 지점에 있는 　東郊數十里
천현[*]은 물이 맑고 산이 깊은 곳 　泉峴最淸幽
바로 옆에 능침이 자리한 데다 　咫尺園寢近
산에는 풀과 나무 우거진지라 　岡巒草樹繆
멧돼지 사슴 등이 우글대는 게 　紛紛饒鹿豕
왕개미가 바글바글하는 것 같네 　擾擾似蚍蜉
꼴 먹이고 나무하게 개방했기에 　無禁芻蕘往
도리어 짐승들이 많아졌으니[*] 　翻令族類稠
가을에는 윤기 나는 털빛을 보고 　秋肥看濯濯
봄에는 짝 부르는 소리를 듣네 　春戲聽呦呦
우리 임금 동산에 사냥을 나와 　鑾馭臨靈囿
날랜 수레 큰길을 에워쌌으니 　輶車擁道周

* 천현 泉峴 : 지금의 하남시 천현동 일대인 듯하다.

* 도리어 짐승들이 많아졌으니 : 백성들의 출입을 금하지 않고 산천의 이로움을 함께 나누었기 때문에 백성들이 이 지역을 성심껏 보호하여 짐승이 도리어 많아졌다는 말로, 풍자를 담은 반어법 反語法이다.

호위병들 험준한 고개를 넘고	兩廂凌峻嶺
군사들은 들판에 도열하였네	諸軍列平疇
좁은 땅에 빽빽하게 사람 모이자	地窄人爭集
겨울 숲의 짐승들 시름하더니	林踈獸自愁
바람결에 들과 숲에 털이 날리고	風毛飄野藪
피 쏟아져 도랑을 더럽히누나	雨血巁溪溝
호랑이는 죽어서 말에 실리고	虎死懸郵馹
큰 멧돼지 끄는 소는 비틀대는데	豚肥僨瘠牛
장수가 제일 큰 놈 왕께 바치니	才人來獻雋
잡은 짐승 언덕처럼 쌓여 있도다	禽獲積如丘
이는 본래 군사 훈련 위한 것이요	自是講蒐狩
그저 놀며 즐기려는 것이 아니니	非徒事豫遊
『시경』의 「거공」 편*에 견줄 만하고	車攻惟足擬
「우렵부」*는 비교해서 말할 수 없네	羽獵豈能侔
마구 잡지 않는다는 소문 퍼지고	湯網仁聲遠
임금님의 얼굴에는 기쁨 넘치니	堯眉喜色浮
시종신은 좋은 술에 한껏 취하고	侍臣酣美醞

* 거공車攻 편 : 주周나라 선왕宣王이 제도를 정비하고 정치를 안정시킨 뒤 사냥으로 군사들을 훈련시킨 것을 칭송한 시이다.
* 우렵부羽獵賦 : 한漢나라 성제成帝가 무절제하게 사냥에 빠져 있는 것을 보고 양웅揚雄이 경계하는 뜻을 담아 지은 글이다.

악공들은 청아하게 노래 부르네 伶士發淸謳
한때를 즐길 만은 하겠지마는 聊縱一朝樂
만백성의 근심을 어찌하리오 其如萬姓憂
고기잡이 구경에도 경계 있거니* 觀魚猶有戒
사냥에 빠지는 건 더욱 큰 허물 耽獸亦多尤
성인의 가르침은 따라야 하고 名教眞爲樂
농사는 왕이 직접 살펴야 하니 康田卽可謀
그리하면 성상의 덕이 빛나고 緝熙敦聖學
하늘의 복을 줄곧 받게 되리라 終始荷天休
늙은이가 대사헌의 직책을 맡아 白首烏臺叟
충정으로 성상께 진달하노라 陳情達冕旒

1500년연산군 6에 연산군이 연달아 사냥하러 나간 것에 대한 잘못을 지적하며 바로잡도록 건의한 시이다. 왕의 대궐 밖 행차는 민간에 피해를 주게 마련이다. 왕이 지나갈 도로를 정비하는 일에 주변의 백성들이 동원되어 고생해야 하고, 수행원들의 식량과 물자 역시 백성들이 부담해야 했기 때문이다. 선왕先王의 왕릉을 참배하거나 농사작황을 시찰하기 위한 목적이라면 명분이라도 있지만, 단순히 사냥을

* 고기잡이……있거니 : 노魯나라 은공隱公이 고기잡이를 구경한 일을 공자가 『춘추』에서 비판하였다.

위해 행차를 자주 할 경우 비난거리가 될 것은 불을 보듯 뻔한 일이다. 연산군은 이때 많은 관료와 호위 군사, 심지어 악공들까지 거느리고 사냥을 나갔다. 고대에는 군사를 훈련시키기 위해 왕이 사냥을 나갔다고 하는데, 연산군의 행차는 군사 훈련을 위한 것이라고도 말할 수 없었다. 『춘추春秋』와 『맹자孟子』 등의 책에서도 임금이 필요 없이 대궐 밖에 행차하는 것을 경계한 바 있다. 성현은 시 후반에서 직접적으로 연산군의 행위를 비판하고, 성인들의 가르침대로 민생을 살피는데 힘을 기울일 것을 요구하였다. 여느 작품들과 달리 이 시는 어조가 매우 직설적이고 강경하여 위태롭게 보이기까지 한다. 그의 말대로 당시 대사헌으로 있었기 때문에 그 직임을 다해야 한다는 의무감이 작용한 듯하다.

가을 매가 토끼를 잡는 내용의 세화를 하사받고
受賜歲畫 所畫秋鷹搏兎

깊은 산속 참나무가 짙푸른 빛 띠었다가	山深櫟樹青重重
서리 맞고 곱게 물든 한가을이 되었는데	淸霜半染酣秋容
갈바람에 늙은 매가 꼿꼿이 깃을 펴니	西風老鷹整羽翮
날카로운 금빛 발톱 나뭇가지 스치누나	翻枝利爪黃金鋒
교활한 숲속 토끼 굴 깊다고 방심하니	林間狡兎恃深窟
가을 풀이 무성하여 몸이 더욱 살쪘는데	秋草丰茸身更腯
공격 막을 생각 않고 한가롭게 엎드렸다	閑伏無心防碎首
창졸간에 화가 닥쳐 피가 튀고 털 날리네	雨血風毛禍倉卒
찢긴 몸이 생생하게 묘사된 데 홀연 놀라	忽驚碎子丹青滋
펼쳐 벽에 걸어 보니 색이 매우 선명하네	展掛素壁光參差
성상께서 이유 없이 하사하실 리 있으랴	天之錫我豈徒爾
난폭하고 교활한 자 공격하란 뜻이리라	搏擊豺虎摧狐狸
이 몸은 본래부터 성품이 유약하여	我性本柔鉛繞指
과감하게 임금님께 간할 인물 못 되므로	批鱗牽裾難疑似
다 늙어서 하사하신 그림 보며 감사하니	白髮對畫感深恩

머리 위의 해치관*이 부끄러워지는구나 頭上戴豸空自恥

세화歲畫는 새해를 축하하는 뜻으로 대궐에서 만들어 사용하고 신하들에게도 하사하던 그림이다. 세화에는 대부분 장수를 상징하는 십장생十長生 등이 소재로 사용되었다. 그런데 연산군이 매가 토끼를 공격하는 장면이 생생하게 묘사된 그림을 세화로 하사했으니, 이는 일반적인 관례도 아닐뿐더러 그 심성을 의심하게 만드는 일이었다. 그렇지만 세화를 하사받은 신하 입장에서는 얼굴을 붉히며 간쟁하기도 어려웠을 것이다. 이에 대사헌으로 있던 성현은, 백성들을 괴롭히는 난폭하고 교활한 관리들을 가차 없이 탄핵하라는 뜻이 담겼을 거라며 말을 돌렸다. 대사헌은 세태를 지적하고, 백관을 규찰하며, 풍속을 바로잡고, 억울한 사정을 밝히는 일 등을 담당하는 사헌부의 장관이기 때문이다. 그런 뒤 자신이 무능하여 직임을 제대로 수행하지 못하여 부끄럽다는 자책까지 덧붙인다. 유약하여 과감히 간하지 못한다면서 할 말은 다 하고 있다. 왕의 기분을 상하지 않게 하면서도 그 잘못을 지적하고 넘어가는 풍간의 기법이다.

* 해치관獬豸冠 : 해치獬豸의 뿔 모양을 만들어 붙인 관으로, 옛날에 법을 집행하는 관원들이 썼다고 한다. 여기서는 대사헌 신분인 자신을 지칭한 것이다.

제5장

삶의 애환을 담다

성현은 명문가의 자제로 태어나 오랜 관직 생활을 거치며 비교적 평탄한 삶을 살았지만, 그에게도 슬픔과 회한의 순간이 없지 않았다. 사랑하는 두 아들과 딸을 앞서 보내고 이어 부인과 사별하는 슬픔을 겪었으며, 부친이자 스승과 같았던 큰형의 부음을 객지에서 들어야 했다. 평생 당뇨병을 앓았고 노년에는 중풍으로 몸져눕기까지 하였다. 그의 시 속에는 그가 겪은 삶의 애환이 때로는 절절하게, 때로는 담담하게 묘사되어 있다.

칠가
七歌

나의 집은 한양성 밖 남산 아래 있는데	有家有家南山陲
산 앞으로 구불구불 시냇물이 흘러가네	山前溪水流逶迤
삼월에 도성 안에 봄기운이 화창해져	長安三月春熙熙
성안 가득 꽃이 피고 꾀꼬리 지저귀면	滿城桃李啼黃鸝
평상 머리 항아리의 술을 걸러 마셨건만	牀頭酒甕淸而釃
올해는 성 서쪽의 좋은 모임 어긋났네	城西佳會終參差
객지 길에 탐스럽게 핀 꽃을 못 보는데	客路不見花離離
집으로 돌아가면 꽃은 이미 졌으리라	及至歸家花已衰
첫 번째 곡 노래하니 노래가 참 슬프구나	嗚呼一歌兮歌正悲
아름다운 석 달 봄을 헛되이 보내다니	虛擲九十芳菲時
대궐 문은 하늘처럼 공중으로 솟아 있고	君門如天浮半空
태평성대 해와 달이 요순시대 열었으니	太平日月開重瞳
백관들의 패옥 소리 영롱하게 퍼져 가고	百僚環佩搖玲瓏
도로에는 고관들의 말이 먼지 일으켰지	沙堤珂馬飛塵紅
한림원의 학사들은 대궐에 다 있으련만	鑾坡學士雲從龍

나는 지금 먼 곳으로 떠나와 홀로 있네　　我今遠隔經帷中
오색구름 아득하게 동쪽 하늘 감쌌으나　　五雲渺渺天之東
기를 써도 봉래궁*은 보이지가 않는구나　　側身不見蓬萊宮
두 번째 곡 노래하니 마음이 아득해라　　嗚呼二歌兮心無窮
언제나 대궐에서 태평성대 노래할까　　虞庭何日歌淳風

나에게 존경하는 형님 한 분 있으니　　有兄有兄我所敬
효성스럽고 우애롭고 자애로운 성품이네　　孝友慈仁出天性
밤마다 침상에서 함께 시를 읊조리고　　夜夜聯床同嘯詠
아침이면 부모님께 문안 인사 드렸었네　　朝朝步屧問溫淸
지금 이 거친 산엔 비바람이 차가운데　　荒山今日風雨冷
누군가는 화창한 날 부모 형제 함께할 터　　誰家荊樹媚晴景
기러기는 홀로 날아 높은 산을 넘어가고　　鴻雁孤飛度雲嶺
할미새는 슬피 울며 그림자를 펄럭이네　　鶺鴒哀鳴翩獨影
세 번째 곡 노래하니 그리움이 아득한데　　嗚呼三歌兮歌思永
시름겨워 말 못 하고 몹시 울적해하누나　　愁來無語劇含梗

내 자식들 반짝이는 눈매가 아름답고　　有子有子婉淸揚
땋은 머리 나풀나풀 양쪽으로 드렸어라　　總髮翩翩垂兩傍

* 봉래궁 蓬萊宮 : 신선 세계에 있는 궁전으로, 여기서는 대궐을 의미한다.

큰아이는 들어앉아 글 읽기에 여념 없고	大兒讀書不下床
둘째는 죽마 타고 길거리를 쏘다니며	小兒騎竹趨康莊
막내는 이제 한창 구슬놀이 할 나인데	最後一男新弄璋
기러기 행렬처럼 셋이 항상 붙어 있지	三人相隨雁聯行
너희들 꿈꾸지만 너무나도 멀리 있고	夢汝遠在天一方
너희들 그리지만 볼 수 없어 애타누나	思汝不見空斷腸
네 번째 곡 노래하매 노랫소리 격앙되니	嗚呼四歌兮歌慨慷
사막의 모래바람 옷을 뚫고 들어오네	胡沙獵獵穿衣裳

나의 책이 조그마한 띳집에 넘쳐나서	有書有書在茅屋
상자에도 그득하고 궤짝에도 담겼으니	排廂貯篋多所蓄
혜자의 오거서*는 내가 비록 없지마는	雖無惠子五車輻
업후의 삼만 축*은 가졌다고 할 만하지	亦有鄴侯三萬軸
아침부터 저녁까지 책을 꺼내 읽으면서	朝搜夕閱尋簡牘
성현의 말씀으로 마른 배를 채웠는데	糠粃猶能潤枯腹
지금은 버려두어 볕을 쐬 줄 이 없으니	如今棄置無人曝
먼지가 풀풀 날고 쥐들이 갉아 대리	野馬來遊鼠相逐

* 혜자惠子의 오거서五車書 : 많은 저서를 가리킨다. 장자莊子의 친구 혜시惠施가 수레 다섯 채에 실을 정도로 저서가 많았다고 한다.
* 업후鄴侯의 삼만 축 : 많은 장서藏書를 뜻한다. 당나라 업현후鄴縣侯 이필李泌이 3만 두루마리나 되는 서책을 소장하였다고 한다.

다섯째 곡 노래하매 노래 이미 갖춰지니　嗚呼五歌兮歌已拍
괴로이 읊조리며 머리 뒤로 젖히노라　苦吟半欹頭上幘

내게 석 자 남짓 되는 거문고가 있어서　有琴有琴三尺餘
위아래를 금빛으로 곱게 장식하였으니　鸞頭鳳尾裝金礫
한 번 타면 맑은 바람 산들산들 불어오고　一彈淸風來徐徐
두 번 타면 구름마저 멈춰 서서 듣곤 하지　再彈行雲爲躊躇
때때로 밝은 달이 밤하늘에 둥실 뜨면　有時明月當碧虛
현을 퉁겨 가슴속의 정취를 실었는데　左援右撫開襟裾
지금은 적막하게 빈집에다 세워 두어　如今寥落倚空廬
거미줄이 가득해도 털어 줄 이 없으리라　蛛絲滿面無人梳
여섯째 곡 노래하매 깊은 탄식 배었으니　嗚呼六歌兮歌唏噓
어찌하면 가져다가 소일거리 삼을거나　安得携來送居諸

내가 가는 여정은 어찌 이리 고달픈가　我行我行何太苦
병든 말이 벌벌 떨며 진창에서 허덕이네　瘦馬淩兢困泥土
거센 바람 몰아치고 상양*이 춤추더니　頑風捲地商羊舞
산이 캄캄해지면서 비구름을 빚는구나　山氣濛濛釀雲雨
사흘 동안 인적 없는 거친 산을 헤매느라　荒山三日無所寓

* 상양商羊 : 큰비가 오려 하면 미리 알고 일어나 춤을 춘다는, 전설 속의 새이다.

만물이 뒤집히고 밤낮 구분 안 되는데　　萬類顚倒錯昏午
하늘이 돕지 않아 오도 가도 못하거늘　　去住艱關天不佑
천둥은 누구에게 저렇게도 성을 내나　　未識豐隆爲誰怒
일곱째 곡 노래하니 악보 이미 이루고는　　嗚呼七歌兮已成譜
차가운 시냇가에 아득히 홀로 섰네　　蒼茫獨立寒溪滸

37세이던 1475년성종 6에 사은사 한명회의 종사관으로 중국에 갔을 때의 작품으로, 두보의 칠언고시 「건원 연간 동곡현에 우거하며 지은 노래 일곱 수乾元中寓居同谷縣作歌七首」의 형식을 본떠서 지은 것이다. 두보의 시는 전쟁 통에 형제자매와 헤어져 먼 타향에서 외로이 지내는 심회를 노래한 것인데, 성현은 이 시에서 사행길에서 느끼는 향수를 애절한 필치로 표현하였다. 며칠만 집을 떠나 있어도 가족과 함께하는 안락한 일상을 그리워하는 것이 사람이니, 몇 달씩 걸리는 험한 여정에서 느꼈을 그리움과 향수가 어떠했을지 짐작이 된다. 따뜻하고 편안한 집과 사랑하는 자식들, 존경하는 형님, 손때 묻은 책과 거문고 등을 그리워하는 마음이 절절하게 묘사되어 공감을 불러일으킨다.

소작인이 쌀을 싣고 왔기에 기뻐하다

喜鄕人載米來到

주어진 운명대로 조심조심 살아갈 뿐	樂天知命常戰兢
부질없는 부귀영화 말해 무엇 하겠는가	浮雲富貴安足稱
증삼은 가난해도 기상이 당당했고*	曾參歌聲出金石
안연은 굶주려도 편히 받아들였었지*	顏子簞瓢欣曲肱
명성 있는 옛사람도 가난한 삶 살았으니	古人賢達類如此
평범하고 무능한 나야 말해 무엇 하랴	況我樸樕材無能
지금 나는 얼마간의 곡식을 얻은 데다	乃今得此數鍾粟
돌아보면 동산에 땔나무도 넉넉하니	又顧園中有薪蒸
지지리도 궁색했던 소릉의 늙은이가	猶勝偪側少陵叟
홑이불을 쌀 한 말과 바꾼 것*만 하겠는가	往抱衾裯換斗升
아내는 기뻐하고 여종은 웃음 띤 채	室婦怡顏赤脚笑

* 증삼曾參은……당당했고 : 공자의 제자 증삼은 한때 생활이 매우 곤궁하였지만, 기상이 당당하여 『시경』「상송商頌」의 시를 노래하면 금석 악기가 울려 퍼지는 듯이 그 소리가 온 천지에 가득했다고 한다.
* 안연顏淵은……받아들였었지 : 공자의 제자 안연은 밥 한 그릇과 물 한 표주박으로 누추한 골목에서 가난하게 살았지만 도를 즐기며 마음이 흔들리지 않았다고 한다.
* 홑이불을……것 : 당나라 두보의 시 「추우탄秋雨嘆」에 "성안에서 홑이불을 쌀 한 말과 바꿨다.城中斗米換衾裯"라는 구절이 있다.

뒤주의 먼지 털고 솥과 시루 씻는구나 就掃廩斛洗釜甑
지척이 천 리라서 오기 쉽지 않은 곳을 咫尺千里未易到
험한 고개 넘느라고 말과 종이 다 지치니 馬瘏僕痡踰丘陵
며칠 사이 길에 온통 눈보라가 몰아쳐서 近來風雪塞長途
손발 트고 수염에는 고드름이 맺혔어라 手足皸瘃髭垂氷
급히 술을 걸러다가 고생한 걸 위로한 뒤 急漉罌醪慰寒苦
다시 등불 밝히고서 시골 소식 물어보네 更問鄕里張明燈

1481년 성종 12 겨울 무렵에 지은 시이다. 성현은 승지로 재직하다가 이해 4월에 파직되었으니, 지금으로 말하자면 직장에서 해고되어 실업 상태에 있는 가장이었다. 얼마가 되었건 고정적으로 녹봉을 받던 때와 달리 살림살이가 녹록지 않았던 것일까? 그래도 조상 대대로 물려받은 농토가 조금 있으니 가난한 백성과는 달랐겠지만, 계속되는 흉년으로 농지가 있어도 수확이 변변찮았다. 그래서 근근이 겨울을 나는 와중에 소작인이 쌀을 싣고 왔으니 온 집안이 반색할 만한 일이다. 뒤주의 먼지를 털어 낸 뒤 쌀을 붓고 솥을 씻어 밥을 짓는 아내와 여종의 얼굴에 웃음이 가득하고, 이런 모습을 보는 가장의 마음에 안도감과 기쁨이 차오른다. 지식인도, 시인도, 예술가도 굶고는 살 수 없는 법이다.

정월 초하룻날에

元日書懷

오늘로 내 나이가 어느새 마흔여섯	今朝四十六添齡
쏜살같이 내달리는 세월 좇아 늙어 가네	身趁跳丸走不停
거울 들면 두 귀밑이 허연 것을 탄식하나	攬鏡却嗟雙鬢白
책 읽느라 푸른 등불 마주하고 앉았어라	看書相對一燈青
술통 옆의 필탁은 항상 취해 있었는데*	甕間畢卓長成醉
못가의 영균은 홀로 정신 맑았었지*	澤畔靈均獨耐醒
설날을 맞았지만 도리어 괴로워서	新歲無歡還自苦
객지에서 그림자와 함께 비틀대는구나	天涯形影兩竛竮

* 술통……있었는데 : 필탁畢卓은 진晉나라 때 문신이다. 술을 무척 좋아하여 이웃집에 술이 익은 것을 알고 밤중에 몰래 가서 마시고 취해 쓰러져 버린 적도 있었다. 여기서는 명절을 맞아 집집마다 친지들이 모여 술을 마신다는 뜻으로 한 말이다.
* 못가의……맑았었지 : 영균靈均은 전국 시대 초楚나라 사람 굴원屈原이다. 굴원이 참소를 입고 조정에서 쫓겨나 못가를 거닐며 지은 「어부사漁父辭」에 "온 세상이 다 탁한데 나 홀로 맑고, 온 세상이 다 취했는데 나 혼자 깨어 있다."라는 구절이 있다. 여기서는 술을 잘 마시지 못하는 성현 자신을 비유한 말이다.

강원도 관찰사로 재직하던 1484년성종 15 설날에 지은 시이다. 한 해 중 가장 큰 명절인 설날, 한양에 있었다면 대궐에 나아가 하례를 올리고 가족 친지들과 즐겁게 지냈을 텐데, 지금은 먼 객지에서 혼자 새해를 맞았다. 어느새 나이 마흔여섯, 중년을 훌쩍 넘겨 머리가 희끗희끗해진 것이 서글프지만, 밤늦도록 책을 보며 외로움을 달래곤 한다. 가족들과 어울려 웃음꽃을 피우는 사람들을 보노라니 향수와 그리움이 더욱 북받친다. 술이라도 잔뜩 마시면 잊을 수 있으련만, 말똥말똥 맨 정신으로 앉아 있으려니 참소를 입고 조정에서 쫓겨났던 굴원屈原 같은 신세가 된 것 같다.

객관에서 밤중에 형님의 별세 소식을 듣고

夜題客館 時聞伯氏訃音

객지로 부임하여 벌써 해를 넘겼는데	客裏光陰易換移
관동 땅이 멀다 보니 고향 소식 아득하네	音書渺渺隔東陲
몸에 병이 많아지는 쉰 살이 되고 보니	一身多病百年半
만사가 서글퍼서 눈물 자주 흘리누나	萬事傷心雙淚垂
슬프게도 형제의 정 나누지 못하다가	怊悵難歌常棣蕚
부질없이 영결을 슬퍼하게 되었구나	寂寥空詠鶺鴒詩
꿈을 꾸다 깨어나서 잠 이루지 못하니	夢闌枕上還無寐
벌레 우는 칠흑 같은 밤이 정히 더디어라	月黑蟲吟夜正遲

1484년성종 15 가을에 맏형 성임의 부고를 받았다. 성임은 세조 대에서 성종 대에 걸쳐 관료로서 활약하였던 인물이다. 성현이 12세에 부친을 여의고 성임에게 글을 배웠다고 하니, 성임은 그에게 부친이자 스승과도 같은 존재였다. 성임 외에 둘째 형 성간이 있으나 성현이 18세 때 30세의 나이로 요절하였기에, 성임은 그에게 하나뿐인 형제이기도 하였다. 벼슬살이를 한다는 이유로 멀리 떨어져 지내다가 형의

부고를 접하였으니, 회환과 슬픔이 몰려와 감당하기 어려웠을 것이다. 게다가 그도 이제 인생의 중턱을 넘어선 나이인 만큼, 백 년도 되지 않는 우리네 인생사가 더욱 부질없고 슬프게 느껴졌으리라.

벽제관에서 두 아들과 헤어지며

碧蹄館 留別世亨世通

가련하다 너희들이 아비 보내고　　　憐渠來送野
아득히 뒤돌아서 가야 할 테니　　　渺渺各東西
눈물 닦는 심정이 어떠하겠냐　　　抆淚情何極
옷자락을 붙드니 아득한 마음　　　攀裾意轉迷
말 머리엔 마을 숲이 어둑해지고　　　馬頭村樹暗
눈 아래로 고개 구름 드리웠는데　　　眼底嶺雲低
말로 다 하지 못할 나의 심사를　　　無限心中事
이별에 임하여서 한번 쓰노라　　　臨岐試一題

1485년성종 16 봄에 천추사로 북경에 갈 때 배웅 나온 두 아들과 이별하며 쓴 시이다. 성세형은 성현의 장남으로 이천 현감伊川縣監을 지냈으며, 1504년연산군 10 갑자사화에 연루되어 유배되었다가 사망하였다. 둘째 아들 성세통은 19세에 요절하였다. 이 당시 성세통은 15세, 성세형은 20세 미만이었을 것으로 추측된다. 성현의 중국 사행은 이때가 세 번째였으나, 정사正使의 중책을 맡은 것은 처음이었다.

오십에 가까운 나이로 멀고 험한 여정에 오르면서도 성현은 자신을 떠나보내고 서운해할 자식들을 측은해한다. 아비가 없는 동안 자식들에게 무슨 일이라도 생길까 봐 걱정도 되었을 것이다. 덤덤한 듯, 무심한 듯 내색하지 않아도 부모 마음이란 그런 것이다.

8월 14일 밤 대낮처럼 밝은 달빛 아래 이부자리에서 거문고를 타다

仲秋十四夜 月明如晝 擁衾彈琴

긴 하늘이 구름 한 점 없이 맑은데	長空湛如掃
동쪽에서 느릿느릿 달이 나오니	月出東來遲
고운 자태 백색의 옥거울인 듯	娟娟白玉鏡
은은하게 가지에 빛을 뿌리네	隱映清揚枝
밤이 깊어 사방은 다 잠들었건만	夜久群動息
귀뚜라미 섬돌에서 구슬피 울어	蟋蟀鳴前墀
이불 끼고 시름하며 잠 못 들다가	擁衾悄無寐
팔을 걷고 거문고의 줄을 퉁기네	攘腕撫桐絲
이별곡을 연주하자	彈作離鸞操
영롱한 노래로써 화답하는데	和以玲瓏辭
영롱한 노랫소리 또한 괴로워	玲瓏歌且苦
마디마다 억누르듯 구슬프구나	掩抑聲聲悲
좋은 만남 성사되기 본래 어렵고	佳會自蹭蹬
사람 일은 어긋나는 때가 많은 법	人事多參差
시름을 씻어 내는 방책 있으니	澆愁有良策
우선 다시 술이나 들이켜야지	且復進酒巵

평안도 관찰사로 재직하던 1486년 성종 17 가을밤에 지은 시이다. 추석을 하루 앞두고 구름 한 점 없는 밤하늘에 거울처럼 밝은 달이 떠올랐다. 모두가 잠들어 사방이 고요한 밤에 귀뚜라미 소리만 구슬프게 들려온다. 집을 떠나 먼 객지에서 이런 밤을 맞게 된다면 누구라도 깊은 감상에 젖을 것이다. 아름다운 밤경치를 넋 놓고 바라보다가 알 수 없는 슬픔과 시름이 밀려와 거문고를 끌어당겨 현을 퉁긴다. 고즈넉한 가을밤의 정취에 젖어 든 반백의 예인이 눈앞에 보이는 듯하다.

세안의 부음을 듣다

路上 聞世安訃音

태어나던 때부터 몸이 매우 약했기에　抱櫝年來大瘦生
유독 사랑 쏟으면서 항상 마음 졸였어라　情鍾所在不忘情
내가 비록 덤덤했던 동문자*는 못 되어도　縱然不及東門子
어찌 슬퍼 실명하는 지경까지 이를쏜가　豈至傷懷哭喪明

객관으로 편지가 와 죽었다는 소식 듣고　賓館書來聽訃音
두 주먹을 움켜쥐고 눈물 줄줄 흘렸어라　不知掐掌血沾襟
아이가 환생하길 어찌 바랄 수 있으랴　探環樹穴將何望
봄날 눈물 뿌리려니 한이 더욱 깊어지네　淚灑春風恨轉深

1487년 성종 18 봄에 넷째 아들 성세안이 죽었다. 늦게 본 막내아들이라 사랑이 더욱 각별했지만, 몸이 약해 늘 마음을 졸이게 하던

* 동문자 東門子 : 전국 시대 사람 동문오 東門吳이다. 사랑하는 아들이 죽자 "내가 예전에 자식이 없었지만 근심하지 않았다. 지금 자식이 죽었으니 예전에 자식이 없던 때와 같아진 것이다. 그러니 내가 무엇 때문에 근심하겠는가."라고 하며 슬퍼하지 않았다고 한다.

자식이었다. 그런 막내아들이 요절했다는 소식을 멀리 임지에서 접하게 되었다. 평양에서 한양까지는 거리도 멀 뿐만 아니라, 미성년자의 상은 정식 휴가를 얻을 수도 없었다. 막중한 직책을 맡은 공직자로서 직분을 망각하고 집으로 달려갈 수도 없는 형편이었다. 자식 잃은 부모의 슬픔은 어디에도 비유할 수 없지만, 슬픔을 절제하지 못해 시력까지 잃는 사람처럼 행동해서는 안 된다며 슬픔을 누르려 애를 쓴다. 그렇지만 부모는 자식을 가슴에 묻는다고 하였다. 아름다운 봄날에 저세상으로 떠난 아이를 생각하며 남몰래 피눈물을 흘린다.

세통을 애도하다
悼世通

하늘이 모질게도 날 망치려 하는 건가	不弔皇天欲喪余
삼 년 사이 두 번이나 자식 앞서 보내다니	三年再度送輀車
명 짧았던 안회도 서른까진 살았는데	顔回短命猶三十
너는 겨우 기운이 부를 지은 나이*	汝是機雲作賦初

1489년 성종 20 2월 둘째 아들 성세통이 19세의 나이로 요절하였다. 성세통은 그해 초시에 합격하였고, 장가들어 막 아들을 본 상황이었다. 문집에 실린 다른 글을 참고하면 역질에 걸려 죽은 것으로 추측된다. 2년 전인 1487년에 넷째 아들 세안이 죽었는데 이제 세통까지 죽었으니, 3년 사이에 두 아들을 연달아 잃은 것이다. 겨우 열아홉의 나이로 활짝 피어 보지도 못하고 죽은 아들을 생각하면 억장이 무너지는 것만 같다. 요절했다고 하는 공자의 제자 안회도 서른까지는 살

* 기운機雲이……나이 : 20세가 채 되지 않았다는 말이다. 진晉나라 육기陸機와 육운陸雲 형제는 둘 다 문재가 뛰어났다. 당나라 두보는 「취가행醉歌行」에서 "육기는 스무 살에 문부文賦를 지었다."라고 하였다.

았는데, 너는 왜 스무 살도 못 되어 죽었냐는 늙은 아버지의 말이 너무도 슬프게 다가온다. 이 시 말고도 성세통의 죽음과 관련된 작품으로 「세통을 꿈에 보다夢世通」라는 시와 제문祭文이 남아 있어, 아들을 앞서 보낸 아버지의 애절한 심정을 엿볼 수 있다.

딸을 애도하다
悼女

딸이 가문 빛낸다고 누가 말을 했었던가* 　誰言生女作門楣
가문 빛낼 틈도 없이 형세 이미 어긋났네 　未作門楣勢已虧
백발의 늙은 아비 부질없이 슬퍼하니 　白首老翁空自悼
청춘의 젊은 부부 사별하고 말았어라 　青春年少竟終睽
갓난아이 젖 달라고 밤마다 울어 대어 　襁兒索乳連宵哭
여종이 옷소매로 눈물 콧물 훔치누나 　堂婢收衣攬涕垂
물에 구슬 가라앉고 옥이 깨져 버렸으니 　可惜珠沈兼玉碎
노년에 자식 잃은 슬픔 어찌 감당할까 　難堪老境喪明悲

1497년연산군 3에 허연許衍에게 출가한 둘째 딸이 죽었다. 사람이 나이가 많아질수록 부모, 친척, 친구 등 가까운 사람들과 사별하는 일이 잦아지지만, 그 대상은 대체로 윗사람이나 동년배일 때가 많다. 그런데 성현은 10여 년 전부터 연달아 자식들을 앞서 보내는 큰 슬픔

* 딸이……했었던가: 당나라 현종 때 양 귀비가 한미한 집안의 딸로서 현종의 총애를 입어 가문을 일으킨 것을 말한다.

을 겪어야 했다. 저승길을 가는 데는 순서가 없다고 하지만, 두 아들에 이어 신혼의 단꿈에 젖어 있던 딸까지 먼저 세상을 떠났으니, 연이어 사랑하는 자식들의 죽음을 지켜봐야 했던 그의 운명이 참으로 안쓰럽다. 갓난아이는 밤새 배고프다고 울어 대고, 아이를 안고 달래는 여종은 가여운 마음에 눈물을 훔친다. 이런 모습을 지켜보는 늙은 아버지의 가슴은 찢어지는 것만 같고 눈물이 마르지 않는다. 그가 감내해야 했던 슬픈 가정사가 보는 이의 가슴을 아프게 한다.

치통

齒痛

몇 년 사이 노쇠하여 흰머리가 무성한데	潦倒年來鶴髮鬖
치통까지 심해져서 재갈을 문 것 같네	輔車沈痛若遭箝
묽은 죽만 삼키려니 배부르게 먹고픈데	吸呑軟粥惟思飽
부드러운 배조차도 씹기가 쉽지 않네	細嚼酸梨竟未堪
한유처럼 괴롭게도 이가 자꾸 빠지지만*	次第漸頹韓子苦
유여처럼 어리석게 휘파람을 불고 있네*	嘯歌不廢幼輿憨
세간의 온갖 일들 속임수가 예사이니	世間萬事多機巧
입 다물고 말 않는 걸 달갑게 여겨야지	合喙無言是所甘

59세이던 1497년 연산군 3 에 지은 시이다. 예순이면 치아에 문제

* 한유韓愈처럼……빠지지만 : 당나라 한유의 「제십이랑문祭十二郎文」에 "나는 나이 마흔도 되지 않았지만, 눈앞은 흐릿하고 머리털은 희끗희끗하고 치아는 흔들거린다. 吾年未四十 而視茫茫 而髮蒼蒼 而齒牙動搖"라고 하였다.
* 유여幼輿처럼……있네 : 유여는 진晉나라 사곤謝鯤의 자이다. 이웃집 처녀에게 치근대다가 처녀가 던진 북에 맞아 이가 두 개 부러졌는데도, 여전히 휘파람을 불면서 노래하기를 그만두지 않았다고 한다. 이가 빠졌는데도 시를 읊기에 여념이 없는 자신을 비유한 것이다.

가 생길 만할 때이다. 요즈음이야 조금만 아파도 진통제로 통증을 잊고, 치아가 썩거나 빠져도 치료하거나 보철하는 의술이 발달하여 비용만 들이면 별 불편 없이 살아갈 수 있다. 하지만 이때는 잇몸이나 치아에 탈이 나면 그대로 감수하고 살 수밖에 없는 시대였다. 지독한 치통에 시달리다가 이가 빠지기까지 하면 말이 새고 입 모양은 합죽해져 영락없는 늙은이가 되어 버리니, 나이를 실감하며 서글퍼지고 의기소침해질 만하다. 하지만 성현은 치통을 앓으면서도 여전히 입을 뾰족하게 내밀고 시를 읊기에 여념이 없는 늙은이로 자신을 묘사하였다. 치통에 시달리다 이가 빠져 합죽해진 자신의 모습을 해학적으로 묘사한 것이다. 생로병사를 자연스러운 현상으로 생각하고 덤덤히 받아들이던 옛사람들의 마음가짐이 느껴지는 대목이다.

가을날의 회포

寫懷

전원에 가을 깊어 초목이 지니	搖落林園晩
천지간에 바람 따라 날리는 낙엽	隨風萬葉飛
팔랑팔랑 먼 물가에 몸을 던지고	飄飄投極浦
휘날려 골짜기를 감싸는구나	蔌蔌擁巖扉
둥지에서 나온 새는 외롭게 날고	孤影鳥巢出
이웃집 개 돌아오는 발자국 소리	乾聲隣犬歸
담장 옆의 차가운 나무 사이에	墻頭寒樹罅
환히 뜬 달이 유독 사랑스럽네	獨愛月通輝
아무도 없는 방에 혼자 있어도	屋漏無人處
두렵기가 열 사람이 보는 듯하니	其嚴十目瞻
벼슬이 높아져도 비방 두렵고	官高猶畏謗
소탈하여 청렴함을 편히 여기네	性拙自安廉
토란 잎을 삶아서 쌈을 싸 먹고	芋葉烹包飯
순무 뿌리 씻어서 김치 담그니	菁根洗漬鹽
작은 배 채우기가 어렵지 않아	寸腸容易飽

많은 돈을 욕심낼 필요가 없네 不必萬錢添

부귀영화 누리고 싶긴 하지만 爵祿雖貪戀
병든 몸이 피곤함을 감당 못 하네 難堪病骨疲
배를 삶아 한밤중의 갈증 달래고 蒸梨滋夜渴
밤을 구워 아침나절 허기 채우네 煨栗救朝飢
아녀자의 손을 빌려 머리를 빗고 倩婦梳頭髮
아이 불러 눈물 콧물 닦으라 하니 呼兒拭涕洟
늙어 가며 실수가 많아지므로 老來多譸錯
놀림받는 것쯤은 두려워 않네 不怕被人欺

1497년연산군 3 작품으로, 노년에도 인생살이 기쁨과 근심은 여전하지만 그 속에서 삶을 관조하는 자세가 드러나는 시이다. 전체 다섯 수 중에서 제1, 4, 5수이다.

낙엽이 우수수 날리고 휘영청 밝은 달이 뜬 고요한 밤, 새 한 마리가 외로이 날고 이웃집 개가 낙엽을 밟으며 돌아온다. 고요한 가을밤의 정취가 너무도 아름다워 늙고 병든 시인은 잠들지 못한 채 지난 삶을 반추하고 현재의 모습을 떠올린다. 한평생 누가 보든 말든 늘 바른 마음으로 살려고 노력하였고, 청렴한 선비의 자세로 살아왔다고 자부한다. 가난한들 어떠랴. 나물 반찬이라도 작은 배를 채울 수 있으면 충분하니 더 욕심낼 것이 없다. 다만 노쇠하여 스스로 몸을 건사하지 못하고 이것저것 도움을 받아야 하는 처지가 못마땅하지만, 이 또한 자연의 섭리이니 그대로 받아들일 뿐이다.

세창이 아들을 낳았기에 기뻐서 짓다
喜世昌生子

늙어 낳은 아들이라 항상 안쓰러웠는데 常憐暮境小雛生
오늘 이런 경사를 볼 줄 어찌 알았으랴 豈料如今羽翼成
품을 벗어나자마자 아들을 안았으니 纔得免懷還抱子
늙은 소가 새끼 핥는 애틋한 정 알 것이다 能知舐犢亦鍾情
이제는 장가들어 애아비가 되었으니 旣開家道爲人父
벼슬길에 나가 부디 명성을 떨치거라 須向雲程振大名
네가 뜻을 펴는 날도 보길 기약 못 하는데 看汝飛騰猶未必
하물며 네 아들의 영화를 어찌 보랴 況看身後汝兒榮

성세창의 자는 번중蕃仲, 호는 돈재遯齋이다. 원래는 형제 중에 셋째지만 동생 세안과 둘째 형 세통이 2년 사이에 요절하였기 때문에 둘째이자 막내아들이 되었다. 문재가 뛰어나 뒤에 홍문관과 예문관 양관兩館의 대제학을 지냈고, 1545년인종 1에 좌의정에 올랐다. 성세창은 성현이 43세에 낳은 아들이다. 그런 성세창이 아들을 낳은 것은 17세 때로 당시 성현의 나이 59세였으니, 막둥이 아들에게서 손자를 본 기쁨이 어떠했을지 짐작된다. 부모가 되어 봐야 부모 마음을 안다고들 말한다. 한 아이의 아버지이자 한 가정의 가장이 된 어린 아들에게 늙은 아버지는 말한다. 이제는 힘껏 노력해서 사회인으로서도 성공하라고. 자식을 걱정하고 자손이 잘되기를 바라는 마음은 세상의 여느 부모들과 다름이 없다. "네가 뜻을 펴는 날도 보길 기약 못 하는데, 하물며 네 아들의 영화를 어찌 보랴."라는 말에는 쓸쓸함도 묻어난다. 그러나 한 인간이 태어나서 살다가 늙어 죽으면 다음 세대가 이를 이어받는다는 보편적인 진리를 다시금 생각하게 하는 말이다.

오경가

擬姜晉山作五更歌

초경에 동쪽에서 떠오르는 달을 보며	初更初見月東生
빈방에서 잠 못 들고 나 홀로 앉았어라	獨坐虛堂睡不成
이제는 영원토록 다시 만날 길이 없고	契闊百年今已矣
베개 옆에 등불만이 밤을 함께하는구나	枕邊惟伴一燈明
이경에 창밖에는 달이 점점 높이 뜨고	二更窓外月輪高
뜰에 선 소나무엔 파도 같은 바람 소리	風入庭松吼夜濤
이승과 저승 사이 이별 못내 아쉬워서	可惜幽明今永隔
가슴속에 오만 가지 시름만이 가득하네	胸中愁緒亂牛毛
삼경에 구름 걷힌 하늘에 달이 밝고	三更雲散月中天
고요한 밤 흐느끼듯 떨어지는 샘물 소리	靜夜悲聞石上泉
이 몸은 한가하게 편히 앉아 있건마는	我尙偸閑猶穩坐
외로운 혼 누구 곁을 떠돌면서 눈물짓나	孤魂流落泣誰邊
사경에 외로운 달 서편으로 기우니	四更孤月側金盆

숲 그림자 삐죽삐죽 문을 반쯤 덮었어라　林影參差半掩門
옷은 솜이 너덜대고 이가 득실거리는데　衣絮離披飢蝨亂
남은 인생 고된 삶을 누구와 논할 건가　殘年契闊與誰論

오경에 달이 지고 시끄럽게 닭이 우니　五更月落亂鷄呼
아침밥 재촉하여 술 한 사발 곁들이네　催進朝飧酒一盂
빈소에선 두 아이가 가슴 치며 곡하는데　帳底兩兒爭擗踊
당신은 이 소리를 기억하고 있을는지　不知能記此聲無

1498년 연산군 4 봄에 부인 한산 이씨의 상을 당했을 때 지은 시이다. 1482년 성종 13에 진산군晉山君 강희맹姜希孟 1424~1483 이 부인을 잃고 「오경가」를 지었는데, 성현이 부인과 사별한 뒤 같은 제목으로 이 시를 지었다.

시는 해가 진 뒤부터 날이 밝아 올 때까지를 시간대별로 기록하여, 사무치는 슬픔으로 잠 못 들고 밤을 지새우는 심경을 섬세하게 기술하였다.

사람이 살아가는 동안 겪는 일 중에 가장 충격적인 일이 배우자의 죽음이라고들 말한다. 10여 년에 걸쳐서 아들 둘과 딸 하나의 죽음을 지켜보는 참혹한 일을 겪었지만, 그래도 아내가 있어 서로 위로하며 슬픔을 나눌 수 있었을 것이다. 이제 평생을 함께한 반려자마저 저세상으로 가 버렸으니, 이제 누구와 함께 노년의 쓸쓸함을 달래야 할는지……. 빈소에서는 두 아들의 곡소리가 들리는데, 가엾은 혼령은 어디를 떠돌며 눈물짓고 있을지 모르겠다.

아내의 죽음을 애도하다

悼亡

먼저 떠난 당신을 땅속에 묻고 馬鬣初封罷
돌아오며 옷소매로 눈물 훔쳤소 歸來拭淚痕
해로할 계획 이미 어긋났는데 已違偕老計
영원히 혼을 부를 길도 없으리 永作未招魂
봄 산에는 꽃들이 다투어 피고 山暖花爭發
깊은 숲엔 새들이 조잘대는데 林深鳥自喧
봄 경치가 눈에 가득 들어오지만 春光雖滿眼
시름겨워 아무 말도 하지 못하오 愁悴却忘言

죽은 아내를 장사 지내고 돌아오는 심경을 읊은 시이다. 이제 영영 돌아오지 못할 아내 생각에 눈물을 훔치는데, 이런 마음과 상관없이 산에는 봄꽃이 흐드러지게 피고 새들은 즐겁게 지저귄다. 사랑하는 사람을 땅속에 묻은 크나큰 슬픔과 새봄의 찬란하고 아름다운 경치가 극적으로 대비되어, 아내 잃은 시인의 슬픔을 더욱 배가한다.

남들보다 못한 세 가지 일

三不如人歎

광문학사 정건은 재주가 뛰어나서	廣文學士才超越
당시에 삼절이란 칭찬이 자자했고*	當時藉藉稱三絶
동파의 천재성은 짝할 사람 없었지만	東坡天手妙無倫
세 가지가 남들보다 못하다고 말했다지*	三不如人曾有說
나는 본래 정건같이 뛰어난 재주 없고	我無廣文畫詩書
동파처럼 남들보다 못한 점만 세 가지니	反有東坡三不如
젊어서도 오히려 남들보다 못했는데	少時猶尙不如人
예순 살의 늙은이인 지금이야 오죽할까	況今摧頹六十餘
활쏘기가 남만 못해 백 보까지 겨우 닿고	射不如人百步至
주량이 남만 못해 한 잔이면 비틀대며	酒不如人一杯醉
바둑은 더더구나 남들에게 못 미쳐서	棋不如人尤有甚
대국을 했다 하면 항상 먼저 무너지네	邀人對局常先蹎

* 광문학사廣文學士……자자했고 : 당나라 정건鄭虔은 시와 글씨와 그림 세 가지가 모두 뛰어났는데, 그가 시를 지어서 쓰고 그림을 곁들여 현종에게 올리자 현종이 그 끝에 '정건삼절鄭虔三絶'이라는 글씨를 썼다고 한다.
* 동파東坡의……말했다지 : 동파는 소식蘇軾의 호이다. 소식은 바둑 두기, 술 마시기, 노래 부르기 세 가지를 남들보다 못한다고 하였다.

살아가는 계책 또한 졸렬함이 이와 같아	謀生性拙亦如斯
판서까지 지냈어도 살림살이 가난한데	官至六卿家無資
정오가 창안했던 헐후시*를 짓느라고	惟有鄭五歇後詩
홀로 읊고 웃으면서 흰 수염만 꼬곤 하네	自吟自笑撚霜髭

60세이던 1498년 연산군 4의 작품이다. 세상에는 남들은 한 가지도 못 가진 재능을 몇 가지씩 겸비한 사람들이 있어 부러움을 사곤 한다. 성현은 스스로 남들보다 잘하는 것은 없고 못하는 것만 있다고 탄식하지만, 그가 남들보다 못하다고 거론한 것은 재능이라고 꼽을 수 없는 것들이다. 성현은 평소 술에 약하다고 말해 왔고, 병약한 문인文人이니 활쏘기에도 능숙하지 못했을 것이며, 바둑 역시 잡기雜技에 가까우니 못 두어도 흠이 될 게 없다. 게다가 영리를 추구할 줄 몰라 판서까지 지냈는데도 살림이 가난하다고 하였으니, 이는 오히려 자신의 청렴함을 자부하는 말이다. 집안 살림은 상관 않고 시를 짓느라 여념이 없다는 말에서 그의 청렴하고 소탈한 성품과 예인다운 면모가 드러난다.

* 정오鄭五가 창안했던 헐후시歇後詩 : 정오는 당나라의 시인이자 재상이었던 정계鄭綮이고, 헐후시는 일종의 풍자체 시이다.

닭 키우는 즐거움

得五白鷄

두 마리 닭 키우다가 세 마리를 또 얻으니　　既得雙鷄又得三
흰 꼬리를 살랑대는 닭이 다섯 마리로세　　五鷄毛羽白毿毿
암탉은 알 낳아서 아침 반찬 제공하고　　雌能遺卵調晨饌
수탉은 울 줄 알아 조참 시간 알려 주네　　雄自知鳴喩曉參
마당에다 쪼아 먹게 좁쌀을 뿌려 주고　　散粟庭中資啄食
가시나무 닭장 엮어 창문 밖에 놓아뒀네　　編荊窓外作籠龕
긴긴 밤 너와 짝해 회포를 풀 터이니　　伴渠長夜閑懷抱
바람서리 겁난다고 입 다물고 있지 말라　　莫怯風霜學啞箝

옛날에는 웬만한 집에서는 모두 닭을 몇 마리씩 키웠다. 닭이 알을 낳으면 가져다 반찬을 만들고, 새벽닭 울음소리로 시간을 헤아렸다. 그만큼 닭이 개나 고양이처럼 사람과 친근한 동물이지만, 성현은 특히 더 닭을 좋아했던 듯하다. 그의 문집에는 집에서 키우는 닭을 소재로 한 시가 심심찮게 보인다. 친구가 닭을 선물해 준 일이나 잘 우는 닭이 생기자 먼저 키우던 닭을 잡아먹은 일을 소재로 삼기도 하며, 닭끼리 혈투를 벌여 한 마리가 애꾸눈이 된 일에서 교훈을 도출하기도 하였다. 한가하게 툇마루에 앉아서 먹이를 쪼아 먹거나 몰려다니며 노는 닭들을 관찰하는 그의 모습이 상상된다. 노인이 되면 잠이 줄어든다고 하는데, 마지막 두 구에서는 밤새 불면증에 시달리며 새벽닭이 울기만을 기다리는 심정을 해학적으로 드러내었다.

봄날의 슬픈 감회

傷春

지난해 이날에도 이 동산에 있었는데　去年今日此園中
봄은 가고 사람 떠나 집이 온통 비었었지　春去人亡室已空
약속이나 한 것처럼 봄은 다시 돌아와서　惟有春光來有信
진달래가 작년처럼 다시 활짝 피었구나　杜鵑開遍去年叢

꽃 필 때는 언제나 사나운 바람 불어　花時無時不狂風
꽃이 겨우 피자마자 붉은 꽃잎 떨어지지　纔見開紅又落紅
이리 쉽게 봄날이 가 버리려 하는데도　容易春光今背去
술 가져와 늙은이를 위로하는 사람 없네　無人携酒慰衰翁

61세이던 1499년 연산군 5 봄에 지은 시이다. 사방에 꽃이 피는 새봄은 가슴 설레도록 아름답지만, 찬란한 봄꽃들은 너무도 빨리 지고 말아 슬프기도 하다. 1년 전 봄에는 부인 한산 이씨의 상을 치르느라 봄을 즐길 겨를이 없었다. 해가 바뀌고 약속한 듯이 봄이 돌아와 진달래가 다시 만발하니, 이맘때 세상을 떠난 부인 생각에 새삼 슬퍼진다. 봄에는 예쁘게 피는 꽃들을 시기하는 듯 바람이 몰아쳐 꽃잎을 흩날려 버린다. 아름답지만 쉽게 가 버리는 봄날이 우리 인생과 같은 듯해 슬퍼지는데, 누구 하나 술을 권하며 늙은이의 마음을 위로해 주는 사람이 없다.

병석에서

臥病

공자님이 삼가셨던 병*을 조심 못 하여서	平生不愼仲尼疾
현안*처럼 중풍에 걸려 눕고 말았어라	今日始罹玄晏憂
조물주의 짓궂은 장난질에 시달리니	造物小兒相戲劇
가슴속의 번뇌가 떠나지를 않는구나	胸中煩熱未能瘳
한평생 소갈병에 시달려 온 몸인데	相如消渴何曾已
이제는 중풍으로 몸이 반쪽 되었어라	沈約形骸亦半虛
대사헌의 추상같은 위엄 아직 그대로나	柏府毒威猶未殄
부질없이 병에 걸려 세월을 허비하네	空將羸瘵送居諸
찬비가 깊은 밤에 요란스레 쏟아져서	蕭蕭寒雨鬧深更
동산에 어지러이 떨어지는 나뭇잎들	摵摵園林亂有聲
새벽에 마당 쓰는 소리 누워 들으니	臥聽晨僮來灑掃

* 공자님이 삼가셨던 병 :『논어』「술이 述而」에 "공자께서는 재계 齋戒와 전쟁과 질병을 늘 삼가셨다."라고 하였다.

* 현안 玄晏 : 진 晉나라 황보밀 皇甫謐의 호이다. 오래도록 중풍을 앓았다고 한다.

바람에 떨구어진 낙엽 뜰에 수북하네　風飄黃葉滿階平

비 온 뒤에 날이 점점 맑고 서늘해지는데　雨餘天氣漸淸凄
열흘이나 앓다 보니 정신 더욱 아득하네　攲枕連旬意轉迷
해가 높이 떴는데도 꼼짝 않고 누운 채로　晴日滿簾慵不捲
시름겹게 수풀 저편 까마귀 소리 듣네　隔林愁聽亂鴉啼

성현은 1500년연산군 6 9월부터 1년가량 사헌부 대사헌으로 있다가 지중추부사로 물러난 뒤 10월부터 병을 앓았다고 한다. 따라서 이 시는 1501년 가을 무렵 중풍으로 병상에 누워 지은 것으로 보인다. 평생 당뇨병을 달고 살았던 병약한 몸으로 중풍까지 걸렸으니 심리적으로도 충격이 컸을 것이다. 다행히 증세가 위중하지 않아 일상으로 돌아갈 수 있었지만, 2년 남짓 지나 결국 세상을 뜨고 말았다. 중풍으로 몸은 자유롭지 않아도 의식은 또렷하여, 자리에 누워 있자니 낙엽 구르는 소리, 빗소리, 마당을 오가는 종들의 발걸음 소리 등이 들려온다. 얼마 전까지 사헌부 대사헌으로서 서릿발 같은 위엄을 떨치던 몸이 갑자기 병석에 누웠으니, 인생사에 대한 생각이 많아질 수밖에 없었으리라. 이때쯤은 그도 자신에게 다가오는 죽음을 예감했을지도 모르겠다.

이천 현감으로 나가는 세형을 전송하며

送世亨出倅伊川縣

검버섯에 허연 머리 죽을 날이 가까우니	鮐背霜絲近蓋棺
헤어지며 슬퍼져서 중언부언 당부하네	臨岐刺刺覺情酸
육 년이란 임기가 아득하게 길지마는	六期日月雖遼敻
삼 일간의 노정이라 오가기는 쉬우리라	三日途程易往還
병든 아비 조섭에는 어려운 점 없을 테니	調攝病軀無有苦
걱정 말고 백성들을 편히 살게 보살펴라	輯柔黎庶要須安
관아에서 한가하게 보낼 시간 많으리니	鈴齋硯匣應閑靜
차분하게 독서할 수 있는 날이 될 것이다	好把詩書自在看

1502년 연산군 8 에 이천 현감으로 부임하는 장남 성세형에게 준 시이다. 성인이 된 자식이건만 늙은 아버지는 지방관으로 부임하는 아들 걱정에 자꾸 같은 말을 되풀이한다. 60세가 넘은 병든 몸으로 6년 동안이나 아들과 떨어져 지낼 것을 생각하면 아득하게 느껴지지만, 거리가 멀지 않은 곳이라 자주 다녀갈 수 있을 것이라며 위안을 삼는다. 그러면서도 떠나는 자식에게 아비 걱정은 말고 백성들을 잘 보살

펴 편히 살게 해 주라고 당부하는 것이 부모 마음이다. 시골 고을 수령이라 한가한 시간이 많을 테니 부지런히 독서하라고 타이르는 것도 잊지 않는다. 자신의 안위보다 자식이 제 책무를 다하기를 바라고 성인이 된 자식이라도 아이처럼 마음을 놓지 못하는 모습이, 지금의 부모님들과 다르지 않다.

아내 상을 치르고 임지로 돌아가는 세형과 이별하며

世亨葬妻于坡山莊 自莊來謁 留數日又別

긴 내에 얼음 얼어 도로가 미끄럽고
눈보라가 휘몰아쳐 솔 언덕이 캄캄한데
아내 잃은 그 심정을 헤아리며 슬퍼하다
재취할 때 올 것이라 생각하며 위안 삼네
늙을수록 세월은 더 빠르게만 흘러가고
등불 아래 이야기는 밤늦도록 이어지네
만났다가 며칠 만에 작별하고 떠나가니
눈 덮인 험한 고개 바라보는 눈이 시네

氷合長川道路艱
朔風吹雪暗松巒
初悲莊叟鼓盆苦
却喜溫生臨鏡歡
白髮光陰人易老
青燈談話夜方闌
相逢數日還相別
葛嶺嵯峨望眼寒

1502년 연산군 8 겨울, 이천 현감으로 부임한 지 얼마 되지 않은 장남 성세형의 아내가 죽었다. 한양으로 돌아와 상을 치르고 임지로 돌아가는 아들. 매서운 추위 속에 장례를 치르는 일도 고생스러웠겠지만, 아내 잃은 슬픔이 얼마나 클지는 자신도 겪어 본 일이라 짐작이 된다. 게다가 한창 젊은 나이에 상처喪妻하였으니 충격이 더욱 클 것만 같다. 부모 앞에서 슬픔을 드러내지 않으려 애썼을 아들을 지켜보는 아버지의 가슴은 미어지는 듯하지만, 머지않아 새장가를 들어 행복하게 살게 될 날이 올 것이라며 스스로를 위로한다. 아내 잃은 아들을 안쓰러워하는 마음은 당연하지만, 온전히 아들에게로만 향해 있는 성현의 시선이 이기적으로 보이기도 한다. 남의 집에 시집와서 젊은 나이에 죽고 만 맏며느리를 가여워하는 마음은 없었던 것일까? 아들을 사랑하는 마음이 앞선 탓이겠지만, 방금 장례를 치른 아들을 두고 새장가 들일 생각을 하는 것이 조금 야박하게 생각되기까지 한다. 그러나 이렇게 피붙이에게 쏠리는 마음을 탓할 수는 없을 듯하다. 이성보다 감성이 앞서는 것이 우리 인간이고, 유가儒家에서 말하는 인仁도 가까운 사람에게 먼저 행하는 것이니 말이다.

초여름

初夏

바람이 발 흔들어 낮잠에서 놀라 깨니　風捲疎簾晝夢驚
책상 위에 책들이 어지러이 널려 있네　床頭書籍亂從橫
꾀꼬리가 너무나도 적막한 나를 위해　黃鸝憐我苦岑寂
가지 위로 날아올라 꾀꼴꾀꼴 울어 주네　飛上庭柯啼一聲

사월이라 날씨가 따뜻하고 화창한데　四月清和暖氣融
병든 몸은 아직까지 구들 신세 지고 있네　病身猶在土床中
창을 열면 동남쪽이 툭 트인 게 맘에 들어　開牕喜快東南豁
누운 채로 한 점 되어 하늘 나는 솔개 보네　臥看飛鳶點太空

뜰에 꽃이 다 지도록 시를 짓지 못했으니　落盡園花不賦詩
간재의 시 구절은 나를 두고 한 말인 듯*　簡齋詩句豈余欺
병든 노인 시상이 모조리 다 고갈되어　病翁詩吻枯將涸

* 간재簡齋의……듯 : 간재는 송나라 시인 진여의陳與義의 호이다. 진여의가 「차운부자문절구次韻傅子文絶句」에서 "이제부터 이 늙은이 할 일이 없겠구나. 뜰에 꽃이 다 지도록 시를 짓지 못했으니. 從今老子都無事 落盡園花不賦詩"라고 한 것이 성현 자신을 두고 한 말 같다는 뜻이다.

봄 시 짓고 싶지마는 노곤함을 못 견디네　　欲賦春詩困不支

병든 노인 명성은 시로 인한 것뿐인데　　病叟聲名只有詩
가족들은 벼슬길이 더디다고 한탄하네　　家人猶恨宦途遲
부끄럽게 시름겨워 하얗게 센 머리로　　羞將白髮三千丈
화분 속의 두어 가지 꽃을 보고 앉았어라　　坐對盆花一兩枝

꽃들이 차례차례 휘날려 떨어지고　　群花次第儘飄紅
신록이 우거져서 정원 가득 짙은 그늘　　新綠成陰滿院濃
봄빛은 쓸어 낸 듯 찾아볼 곳이 없고　　掃却春光無覓處
꾀꼬리와 제비 소리 훈풍을 끌어오네　　流鶯語燕領薰風

1503년 연산군 9 초여름에 지은 시이다. 이 무렵 성현은 병으로 관직에서 물러나 한가한 나날을 보내고 있었다. 봄이 가고 여름이 시작되는 4월. 봄꽃이 흐드러지게 피어도 시 한 수도 짓지 못하고, 신록의 계절에도 병든 몸은 따뜻한 아랫목만 찾는다. 책을 들춰 보다가 졸리면 낮잠을 자고, 봄놀이를 나가지 못해 대신 화분에 핀 꽃을 감상한다. 늙어 가는 자신의 모습이 한스럽지만, 세월 따라 변해 가는 것이 인생임을 아는 듯 담담한 마음이다. 성현은 이듬해인 1504년 1월에 66세로 유명을 달리하였다.

제6장

사물을 노래하다

성현은 주변에서 흔히 볼 수 있는 꽃과 나무, 새, 곤충 등을 때로는 동양화처럼 담담하게, 때로는 정밀화처럼 세밀하게 묘사하였으며, 해충이나 파충류를 소재로 하여 인간 심리를 가감 없이 드러내고 그 속에서 교훈을 도출하기도 하였다. 또 종묘에서 연주되는 음악과 궁중의 정재呈才를 소재로 악무樂舞를 생동감 있게 묘사하는가 하면, 처용處容이나 제석除夕 등 민간의 나례儺禮 풍속을 소재로 당시의 생활상을 그려 내기도 하였다.

빈대
壁蝨

하늘이 빚어낸 만물 가운데	皇天賦萬物
쓸모없는 물건이란 하나 없으니	無物不爲用
오두는 진통제로 쓸 수가 있고	烏頭補藥餌
쥐조차도 십이지신 으뜸이 됐네	微鼠甲三統
빈대 너는 더없이 작은 몸으로	嗟爾幺麽質
한 번에 아흔 개나 되는 알 낳고	一生九十種
낮이면 벽 사이에 숨어 있다가	當晝竄壁隙
밤이면 옷 솔기에 모여드는데	乘宵集衣縫
잡으려면 홀연히 종적 감추니	追尋忽無蹤
어찌나도 제멋대로 오고 가는지	去來何放縱
병들고 주린 나의 몸뚱이로는	以余病飢骨
떼 지어 뜯는 것을 견딜 수 없네	難堪衆口共
본래부터 사람에게 미움받건만	幸不爲人愛
어찌 그리 혹독한 화를 빚는가	胡乃構禍重
예로부터 참소하는 소인의 혀를	自古讒舌囂
통달한 사람들이 두려워했네	達人所惴恐

요즈음 도시에서는 빈대를 거의 볼 수 없다고 생각하지만, 뜻밖에도 빈대는 지금도 대표적인 해충으로서 온 세계에 널리 퍼져 서식하고 있다. 눈에 잘 보이지도 않을 만큼 작은 몸집을 가지고 사람이나 가축 등 동물의 피를 빨아 먹고 사는 이 곤충은, 특유의 악취를 풍기며 밤중에 활동한다. '빈대 잡으려고 초가삼간 태운다.'는 속담에서 보듯 빈대는 강한 번식력과 극심한 가려움증으로 사람들에게 혐오감을 주는 존재이다. 그 때문에 보이지 않는 곳에서 남을 모함하고 이간질하는 간사한 소인배의 행태를 빈대에 비유한 것이다.

미운 파리 떼
憎蠅

붉은 머리 푸른 날개 이름도 여러 가지	紅頭靑翼謾多名
무리 지어 날아 대며 삽시간에 불어나니	此處群飛若化生
쫓아도 다시 와서 성가시기 그지없고	驅去復來長擾擾
끝도 없이 불어나서 앵앵대며 나는구나	繁滋不絶更營營
떼거리를 불러들여 소매 속에 들어오고	旋呼朋類穿衣袂
음식 쫓아 그릇에 새까맣게 모여 앉네	競逐羶腥集器皿
화가 나서 때로는 칼을 빼려 할 정도라	我怒時時思拔劍
지극*에 화운하는 시도 지을 수 없구나	賡詩止棘未能成

백해무익한 해충인 파리를 소재로 한 시이다. 파리는 음식 냄새를 맡으면 새카맣게 모여들고, 시도 때도 없이 앵앵거리며 사람을 괴롭힌다. 그러다 보니 작은 이익을 차지하려고 정신없이 달려드는 소인배를 비유하는 말로 흔히 쓰인다.

* 지극 止棘 : 『시경』 「청승 靑蠅」에 "앵앵대는 파리 떼, 가시나무에 앉아 있네.營營靑蠅止于棘"라고 한 것을 가리킨다.

시인은 성가시게 사람을 괴롭히는 파리 때문에 화가 나서 칼을 뽑고 싶을 정도라고 말한다. 누구나 느껴 봤을 법한 인간 심리를 정확하게 묘사한 구절이라 공감을 자아낸다.

두려운 모기
畏蚊

해가 지고 마당이 깜깜해지면	庭黑日初沈
떼를 지어 날아와서 공격하는데	群飛謾苦侵
가는 몸은 깃털처럼 가볍거니와	細身輕似羽
긴 부리는 바늘보다 날카로워라	長喙利於針
처음에는 어지러이 귓가 맴돌다	擾擾初嬰鬢
마침내 옷을 뚫고 피를 빠누나	營營竟透襟
도저히 편히 누워 잘 수 없도록	難堪高枕臥
새벽까지 요란스레 앵앵대누나	達曙亂雷吟

모기 역시 사람을 괴롭히는 해충이다. 마음만 먹으면 효과 좋은 살충제를 얼마든지 구할 수 있는 오늘날도 모기는 사람들을 성가시게 하고 두렵게 하는 존재이다. 말라리아, 뇌염, 뎅기열 등 각종 질병을 옮겨 전 세계를 공포에 몰아넣는 것은 차치하고라도, 한밤중 귓전을 맴도는 모깃소리는 민방위 훈련 때의 경계경보 소리처럼 크고, 금방 무슨 일이라도 날 것처럼 사람을 불안하게 한다. 모기를 미워하고 두려

워하는 감정이 남녀노소, 인종과 국가, 시대를 불문하고 다를 바 없음을 생각하게 하는 시이다. 시인은 초저녁부터 다음날 새벽까지 한숨도 편히 잘 수 없게 하는 모기가 두려울 지경이라고 표현한다.

개구리 울음소리
鳴蛙

봄비가 자주 내려 못에 물이 불어나니	春雨頻添方沼水
일만 무리 대열 지어 시장처럼 시끌시끌	萬隊紛紛分作市
엷은 구름 달을 감싸 어두운 저녁이면	薄雲籠月暗濛濛
밤새도록 쉬지 않고 와글와글 울어 대네	亂吠達宵聲不止
돌출된 눈 불룩한 배 항상 성난 표정인데	突眼鼓腹恒怒嗔
무슨 일로 그러는지 대체 누가 시키는지	爲官爲私誰所使
지위가 높은 놈도 미련한 졸개 놈도	紆靑拖紫褦襶徒
무리 지어 뒤섞여서 흙탕물에 떠 있구나	唯唯群浮泥水裏
진흙에 발 빠지면 너무도 힘들 텐데	滅足沒跗眞苦辛
우물 속의 신세 면해 그나마 기쁘다네*	我免井底差可喜
낮잠 잘 땐 들려오는 음악조차 싫건마는	常厭笙歌聒晝眠
어찌하여 울어 대어 귀 아프게 만드는가	安用鼓吹更鬧耳

* 진흙에……기쁘다네 : 무너진 우물 안에 사는 개구리가 동해에 사는 자라에게 "나는 물에 엎드릴 때에는 두 겨드랑이를 물에 찰싹 붙인 채 턱을 들고, 진흙을 찰 때에는 발이 빠져 발등까지 잠겨 버린다."라고 자랑하였다는 우화가 『장자』「추수秋水」에 실려 있다. 여기서는 연못에 사는 개구리가 '우물 안에 살려면 정말 괴로울 텐데, 나는 우물이 아니라 연못에 살아서 정말 다행이다.'라고 여긴다는 뜻이다.

연못에다 국화 태운 재를 붓고 싶지마는*	欲向池中灑鞠灰
추관의 국씨 역할 누가 담당하겠는가	誰爲秋官掌蟈氏

조금만 교외로 나가면 연못이나 시내에서 개구리 울음소리를 쉽게 들을 수 있다. 어쩌다 시골길을 지나면서 듣는 개구리 울음소리는 향수를 불러일으키기도 하고 낭만적으로 들리기도 하지만, 비 온 뒤에 천지가 떠나갈 듯 와글와글 울어 대는 개구리 소리는 귀를 막고 싶을 정도로 괴롭게 느껴질 것이다. 달콤한 낮잠을 방해하는 개구리들이 미워서 모조리 없애고 싶은 충동을 느낀다는 구절은 능청스러운 해학과 솔직한 심리 묘사가 돋보인다.

* 연못에다……싶지마는 : 개구리를 몰살해 버리고 싶다는 말이다. 『주례周禮』「추관사구秋官司寇」에 "국씨蟈氏는 개구리를 없애는 일을 관장하는데, 씨 없는 국화牡鞠를 태워 그 재를 뿌리면 개구리가 죽는다. 또 그 연기를 쐬면 수충水蟲이 소리를 내지 못한다."라고 하였다.

순무꽃

蕪菁花

순무 싹과 무 싹이 다투듯이 돋아나서　蕪菁蘿葍兩爭新
노란 꽃과 보라색 꽃 늦은 봄을 차지하니　黃紫花開獨殿春
여린 싹을 솎아 내면 맛 좋은 반찬 되고　旋擷嫩芽供美饌
새벽에는 맑은 향기 더욱 짙게 풍긴다네　更憐芳氣媚淸晨
점차 꽃대 벌어지니 가지마다 빼어나고　漸成丫角枝枝秀
장다리에 꽃망울이 고르게도 맺혔구나　暗縮蠶頭箇箇均
꽃을 보면 계절 변화 절로 알 수 있지만　見物自知時序變
마지막에 씨 거둔들 내 가난을 구제하랴　終然收子奈吾貧

봄철이면 텃밭에서 한들거리며 수줍은 듯 꽃을 피우는 것이 무와 배추 장다리이다. 장다리꽃이 지고 나면 씨방에서 여문 씨를 얻어 가을에 심었다. 종묘상에서 씨를 사다 뿌리는 지금은 농촌에서도 장다리를 쉽게 보지 못하지만, 삼사십 년 전만 하더라도 집 주변 채마밭에 이 시의 내용처럼 노란색, 연보라색 장다리꽃이 한들거렸다. 흔히 볼 수 있었던 텃밭 정경이 오륙백 년 전, 아니 그보다 훨씬 이전부터 있어 왔음을 생각하면, 인류는 너무 많은 것을 문명이라는 이름과 바꾼 것이 아닐까 싶기도 하다. 장다리꽃은 현실과 무관한 시적 유희의 대상에만 그치지 않는다. '씨를 받았다가 뿌려도 내 가난을 구제할 수 없다.'는 말은 해마다 순무를 심더라도 그것만으로는 배를 채울 수도, 가난을 벗어날 수도 없는 슬픈 현실을 일깨워 준다.

냉이꽃

薺花

땅속에 뿌리 박고 무리 지어 자라는 풀	叢生盤地托芳根
달고 연해 국 끓이면 그 맛이 일품인데	甘軟調羹自媚飧
눈이 남은 밭두렁에 파릇파릇 잎이 돋고	陌上雪殘青葉長
늦봄이면 담장 밑에 하얀 꽃이 지천이네	墻陰春老素花繁
들에 나가 냉이를 캐 오는 자 누구인가	五溪野外人誰採
만 호의 성에서는 근으로 달아 파네	萬落城中賣作斤
묵은 곡식 떨어지고 햇보리도 모자랄 때	舊穀既空新麥短
주린 농부 근근이 아침저녁 넘기리라	饞農辛苦度朝昏

요즘이야 냉이가 어느 철에나 먹을 수 있는 흔한 채소이지만, 옛날에는 서민들에게 더할 수 없이 고마운 봄나물이었다. 달고 향긋한 풍미가 힘겹게 겨울을 난 서민들의 입맛을 돋우고 영양분을 공급해 주었으며, 춘궁기에 허기를 달래 주기도 하였기 때문이다. 그래서 봄이 오면 아낙네들은 바구니를 들고 나가 냉이를 캤고, 번화한 도성에서는 근으로 달아서 사고팔기도 하였다. 그러다가 늦은 봄이 되면 억

세진 냉이에서 하얗게 꽃이 피어 한들거렸다. 하잘것없는 냉이꽃을 소재로 서민들의 삶의 모습을 담담하게 묘사한 시가 옛 추억을 잔잔하게 불러일으킨다.

버들개지
楊花

자줏빛 안개 속에 누각들이 솟아 있고 樓閣參差拂紫煙
큰길 앞에 만 가닥의 버들가지 늘어졌네 萬條楊柳大街前
폴폴 날아 저절로 성안의 눈이 되고 悠揚自作城中雪
휘몰아쳐 언덕 위에 목화밭을 만드누나 飄蕩還成岸上綿
너울너울 춤추는 미인 곁을 맴돌다가 亂撲紅粧縈舞袖
창문으로 날아들어 술상 위에 내려앉네 巧穿朱牖點歌筵
한스럽다 늙어서 듬성해진 머리카락 却嗟種種雙蓬鬢
한번 세고 다시는 검어지지 않는 것이 一白今朝不復玄

봄철이면 큰길 양쪽으로 줄지어 늘어선 버드나무에서 꽃이 피고, 그 꽃이 솜처럼 눈송이처럼 온 천지에 흩날린다. 봄을 즐기려고 모인 술자리에 날아와 춤추는 여인의 옆을 맴돌다가 술상 위에 살포시 내려앉는 하얀 버들개지. 그걸 보며 시인은 다 세어 버린 자신의 머리카락을 떠올린다. 한번 세고 나면 검어질 수 없는 머리카락처럼 우리네 인생도 지나가면 다시는 돌이킬 수 없음을 아쉬워한다.

수박
西瓜

서산에 시원스레 비 한 자락 지나더니	西山雨過一犂渥
울타리 밖 수박이 가을 맞아 반들반들	籬外嘉瓜秋濯濯
밭두둑에 뻗어서 동글동글 열매 맺고	結子團團委深畦
넝쿨에 크고 작은 구슬처럼 달렸어라	大小附蔓如瓔珞
허리춤에 차고 있던 작은 칼을 뽑아서	拔出腰間金佩刀
쟁반에 올려놓고 푸른 껍질 쫙 가르니	剨破盤中青玉殼
범증의 옥술잔이 산산이 부서진 듯*	紛紜范老玉斗碎
위왕의 속이 텅 빈 큰 바가지 쪼갠 듯*	濩落魏王大瓠坼
입안의 상큼한 맛 선약仙藥을 씹는 듯	口含爽氣咀雲腴

* 범증范增의……듯 : 범증은 초나라 항우의 모신謀臣이다. 항우와 유방이 패권을 다투던 때 홍문鴻門의 주연酒宴에 유방이 참석하자, 범증이 유방을 죽이라고 몇 차례나 눈짓을 했으나 항우가 응하지 않았다. 그러는 사이에 낌새를 알아챈 유방이 슬그머니 자리를 빠져나가자, 노한 범증이 옥술잔을 칼로 쳐서 산산조각을 내 버렸다. 여기서는 갈라 놓은 수박을 부서진 옥술잔에 비유한 것이다.
* 위왕魏王의……듯 : 장자의 친구 혜시가 장자에게 "위왕이 나에게 큰 박씨 하나를 보내 주기에 심었더니, 닷 섬들이 박이 열렸는데, 그 속에다 음료수를 채우자 무거워서 들 수가 없고, 두 쪽으로 쪼개어 바가지를 만들었으나 너무 넓어서 쓸 수가 없었네. 속이 텅 비어 크기는 했지만, 내게는 아무 소용이 없어 부숴 버렸네."라고 말했다는 『장자』의 우화를 인용한 것이다.

이가 시린 단 내음은 서리를 내뿜는 듯	齒冷甘香噀霜雹
몸이 상쾌해지면서 배 속까지 서늘하고	身淸頓敎五肺涼
흥이 넘쳐 신선 세계 이곳인가 생각되네	興逸不覺三洲邈
어느 때나 속세의 먼지 툭툭 털고서	何年擺却軟紅塵
포의 입고 물러나서 농사나 짓고 살까	布衣往學靑門樂

여름철이면 달고 시원한 맛으로 더위를 잊게 하는 것이 수박이다. 덩그렇게 열린 수박을 따다 쟁반에 올려놓고 반으로 뚝 가르면 싱그러운 향과 붉게 드러나는 속살이 절로 침을 삼키게 한다. 무더위에 땀을 뻘뻘 흘리다가 한입 베어 물면 더위가 씻은 듯 사라지고 기분이 상쾌해지니, 그 순간만큼은 신선도 부럽지 않다. 그러다가 문득 세속에 얽매어 버둥거리는 자신의 모습을 생각하고는, 벼슬을 내던지고 한적한 곳으로 가서 수박이랑 참외 농사를 지으며 살고 싶은 충동을 느낀다.

연잎 이슬
荷露

하늘에 낀 구름이 교인의 눈물*이 되어　雲天自作鮫人眼
천만 줄기 맑은 이슬 주르륵 떨어지니　千行萬行淸露潸
푸른 옥빛 사발에 후드득 쏟아진 뒤　紛然瀉下青玉椀
진주로 변하여서 튀었다가 흩어지네　化作明珠跳復散
아름다운 연못 물에 방울방울 반사되니　媚池照水箇箇輕
서역의 장사꾼들 보면 깜짝 놀라리라*　賈胡見之心應驚
그렇지만 귀막이의 수영으로 쓴다거나　豈可充耳爲琇瑩
고깔에서 별처럼 반짝이진 못하리라*　會纏花弁粲如星

* 교인鮫人의 눈물 : 빗방울을 비유한 말이다. 교인은 전설 속의 인어人魚로, 남해南海의 물속에서 늘 길쌈을 하였다. 한번은 물 밖으로 나와 민가에서 매일 비단을 짜다가 떠나게 되었을 때, 주인이 구슬을 요청하자 눈물을 짜내어 쟁반 가득 담아서 주었다고 한다.
* 서역의……놀라리라 : 서역의 장사꾼들은 보석을 매우 좋아하여 진귀한 보석을 구하면 자기 배를 가르고 숨겨 둘 정도라고 한다. 이들이 연잎 위에 구르는 이슬을 보면 진귀한 보석인 줄 알고 놀라서 눈이 휘둥그레질 것이라는 말이다.
* 귀막이의……못하리라 : 수영琇瑩은 아름다운 돌이다. 『시경』「기욱淇奧」에 "문채 나는 군자여! 귀막이가 수영이며, 고깔에 꿰맨 것이 별과 같도다.有匪君子 充耳琇瑩 會弁如星"라고 한 데서 온 말로, 연꽃에 맺힌 이슬이 보석처럼 아름답기는 해도 실용적인 용도로는 쓰이지 못한다는 뜻이다.

연잎에 떨어져 구르는 빗방울을 노래한 시이다. 녹색 연잎 위에 또르르 구르는 물방울은 마치 옥빛 사발에 쏟아졌다가 튀어 오르는 진주와도 같고, 연잎에 조롱조롱 맺힌 채 연못의 물에 비치는 물방울은 진기한 보석보다 아름답다고 하였다. 맑은 물방울이 연잎 위에서 통통 튀어 구르고 수정처럼 투명하게 맺혀 있는 녹색 연못의 정경이 눈앞에 펼쳐지는 것만 같다.

치자
梔子

단향목은 비교조차 되지 않으니	旃檀未是香
향기라면 치자꽃을 당할 게 없지	薝葍最芬芳
무리 지어 남쪽 땅을 덮고 있다가	群樹蔽南土
작은 뿌리 북방으로 옮겨 왔어라	寸根移北方
눈 같은 껍질 벗고 하얀 꽃 피고	素花披雪縠
연밥처럼 푸른 열매 매달리는데	青顆束蓮房
화초로 키우면서 즐길 뿐이요	只得盆中翫
노란 염료 취하는 건 관심 없어라	非關取染黃

치자라고 하면 노란색 물을 들이는 주홍색 열매부터 떠올리지만, 염료 외에 약재로도 널리 사용되었던 약용 식물이다. 6~7월경에 꽃이 피었다가 지고 나면, 양쪽이 뾰족한 육각형의 열매가 맺혀서 9월이면 황홍색으로 익는다. 치자꽃은 눈처럼 하얀 빛깔에 재스민과 비슷한 향기를 풍겨 그 자체로 사랑스럽고, 파랗게 맺혔다가 붉게 물들어 가는 열매도 아름답다. 그래서 관상용으로 키워 볼 만하다고 한 것이다.

석류
石榴

종횡으로 꺾어서 가지치기해	縱橫屈作枝
정성껏 화분에다 옮겨 심으니	栽向瓦盆移
따뜻한 봄바람에 잎을 틔우고	葉蓓春風暖
기나긴 여름 해에 꽃을 피우네	花開夏景遲
빨갛게 영근 열매 껍질 터지면	匏房纔坼破
구슬 같은 알갱이들 박혀 있으리	珠粒亂參差
노쇠하여 소갈증에 시달리는 몸	潦倒相如渴
벌써부터 입에 침이 그득 고이네	從今喜得滋

서아시아와 인도 서북부 지역이 원산지인 석류는 고려 초에 중국을 통해 우리나라에 들어온 것으로 추정된다. 석류 가지를 꺾어서 화분에 심고, 여름날에 빨갛게 핀 꽃을 보면서 탐스럽게 익어 갈라진 열매 속에 다닥다닥 박힌 석류 알갱이를 상상해 본다. 보석처럼 빛나는 선홍빛의 작은 알갱이를 깨물 때처럼 새콤달콤한 맛이 느껴져 입안에 침이 그득 고인다.

사계화
四季花

속된 기운 전혀 없는 맑은 품격을	淸標眞不俗
좋을시고 사철 내내 볼 수 있으니	好向四時看
타원형의 작은 잎이 달린 가지에	細葉條條橢
동글동글 기이한 꽃송이로세	奇葩箇箇團
원숭이 피 물들였나 싶기도 하고	却疑猩血染
학 머리의 빨간 살갗 같기도 하네	還似鶴頭丹
울 옆에 핀 꽃들이야 어찌 비하랴	豈數籬邊種
아침에 피었다가 금세 지는 걸	朝開暮又殘

사계화는 장미과에 속한 낙엽 활엽 관목이다. 꽃잎에 겹겹으로 싸인 동글동글한 꽃송이가 장미와 비슷한데, 시에서는 초록 잎 사이에 피어 있는 붉은 꽃의 강렬함을 원숭이 피와 학 머리의 빨간 점에 비유하였다. 시인은 속되지 않은 꽃의 품격도 품격이려니와 무엇보다 사철 내내 꽃을 피우는 점이 좋다고 하였다. 아마도 계절과 상관없이 피는 사계화가 역경에도 굴하지 않는 군자의 절개를 닮았다고 여긴 듯하다.

맨드라미
鷄冠花

기이한 종자로다 맨드라미여	曼多眞異種
가을이 되어서야 선명해지니	秋至始鮮明
붉은 옷이 눈부시게 주름이 지고	璀璨朱衣襞
닭의 볏이 가볍게 움직이는 듯	飄揚絳幘輕
바람 불면 싸울 듯이 볏을 세우고	臨風如欲鬪
비가 오면 퍼덕이며 울 것만 같네	對雨訝飛鳴
횃대 위에 앉은 닭과 다른 거라면	不似塒中物
시간 맞춰 꼬끼오 울지 않는 것	膠膠報夜更

맨드라미는 '계관화'라는 이름으로도 불리는 꽃이다. 가을에 피는 붉고 넓적한 꽃이 닭의 볏 모양을 닮았기 때문이다. 바람에 흔들리는 맨드라미를 '닭이 볏을 세우고 싸우려고 하는 모습'에 비유하고, 비를 맞고 서 있는 모습을 '닭이 퍼덕이며 울 것만 같다.'고 묘사하였다. 시인다운 풍부한 상상력과 표현력에 절로 고개가 끄덕여진다.

측백
側柏

한 자가 겨우 되는 측백나무를　身長纔一尺
흙탕물 도랑 옆에 옮겨 심으니　移植土溪傍
푸르디푸른 빛깔 좋아서일 뿐　只愛青青好
하늘 높이 자랄지는 알 수 없는 일　那知落落長
바람 불면 가지가 하늘거리고　風來枝欲裊
비 온 뒤엔 잎이 더욱 반짝거리네　雨洗葉逾光
아침마다 다가가서 어루만지니　就把朝朝翫
맑은 향기 두 손에 가득하여라　清霏滿手香

집 옆에 작은 측백나무 한 그루를 옮겨 심었다. 그 푸른 빛깔이 너무도 마음에 들었기 때문일 뿐, 이 나무가 하늘을 찌를 듯 높이 자랄지는 관심 밖이다. 바람에 하늘거리는 가지와 비 내린 뒤에 더욱 윤기 나는 잎이 사랑스러워 아침마다 나무 옆을 서성이며 만져 보곤 한다. 그러다 보면 어느새 손에 은은하고 맑은 향기가 가득 배어든다.

대두
大豆

누구에게 얻어 왔나 기이한 종자	奇種從誰得
일찍이 중국에서 건너왔다지	曾從上國來
어디든지 뿌리 내려 싹을 틔우고	托根隨地出
공중으로 넝쿨을 뻗어 가누나	引蔓向空回
능소화보다 작은 붉은 꽃 핀 뒤	紫萼凌霄短
조롱조롱 맺히는 푸른 꼬투리	靑稭豆莢堆
정성스레 씨앗을 갈무리했다	殷勤爲收子
채마밭에 두루두루 심어 보려네	却欲遍園栽

'대두'라고는 했지만, 흔히 말하는 '콩'을 소재로 삼은 것은 아닌 듯하다. '기이한 종자', '능소화보다 작은 붉은 꽃', '공중으로 뻗는 넝쿨' 등의 표현으로 볼 때, 이 무렵 중국을 통해 우리나라에 들어온 강낭콩을 지칭한 것이 아닐까 싶기도 하다. 늘 보아 온 대두라면 '기이한 종자'라며 신기해하지는 않았을 테니 말이다.

시인이 말하는 '대두'가 어떤 콩인지는 정확히 알 수 없지만, 텃밭에서 넝쿨을 뻗으며 자라 빨간 꽃을 피우고 조롱조롱 꼬투리를 맺는 모습은 절로 상상이 된다. 왠지 덩달아 씨를 얻어다 화분에라도 심어 보고 싶어진다.

생강
生薑

담장 아래 한 뼘 남짓 그늘진 땅에	一寸墻陰地
아이 시켜 생강을 심게 했는데	呼兒却墾荒
처음에는 토란처럼 싹이 돋더니	如蹲鴟抱茁
댓잎처럼 길쭉하게 잎이 자라네	似竹葉舒長
무엇보다 양념으로 쓰기 좋지만	最合調和味
약재로도 이만큼 좋은 게 없지	端宜藥餌良
공자님이 끊지 않고 드셨다는데	宣尼餐不輟
나도 이제 맛볼 수 있게 됐어라	吾亦得今嘗

생강이라고 하면 시장이나 마트에서 쌓아 두고 파는 생강의 뿌리만 떠오른다. 밭에서 자라는 모습을 본 적이 없으니, 잎이나 줄기가 어떻게 생겼는지 대개는 알지 못한다. 집집마다 담장 밑 그늘진 곳에 심어서 키우던 시절이 그리 오래되지 않았는데도 말이다. 이 시에는 대수롭지 않은 사물도 무심히 봐 넘기지 않는 시인의 관찰력과 감성이 담겨 있다.

꽈리
酸漿子

댓돌 밑에 여기저기 돋아 나와서　　紛生堂陛下
가을이 다 되도록 자라나더니　　長養到秋寒
갑자기 푸른 비단 자루 보이고　　忽見青羅袋
속엔 붉은 옥구슬을 매달았구나　　中懸赤玉丸
껍질 까면 찬란하게 별이 빛나고　　剝皮星燦爛
꿀을 타니 이슬이 엉긴 듯하네　　和蜜露凝溥
'장'이라고 이름 붙인 뜻 알겠으니　　識得名漿意
글 읽느라 마른 혀를 적셔 줘서네　　能沾講舌乾

어릴 적 빨갛게 익은 꽈리를 따서 씨를 뺀 뒤 말 그대로 '꽈리'를 만들어 입안에서 굴리며 놀았던 기억이 있다. 앙증스러운 꽃받침 주머니 속에 동그랗게 매달린 빨간 열매는 옥구슬처럼 예뻤다. 당시 꽈리는 어디서든 흔히 볼 수 있는 화초이자 풀이었다. 예전에는 열매를 약재로 쓰고, 특유의 단맛과 신맛이 있어 껍질을 벗겨 꿀과 섞어 정과를 만들어 먹기도 했다고 한다. 꽈리의 한문 표기가 '산장자酸漿子'인

것도 이 때문이리라. 꽈리를 장난감이나 약재, 음료로 이용하는 일은 이제 거의 없어졌다. 마을 근처 공터나 집 뜰에서 꽈리가 빨갛게 익어 가던 정경이 그리워진다.

늦게 핀 국화
晩菊

올해는 유난히도 국화가 늦게 피어	今年欐菊開最遲
시월 초가 되어서야 소담스레 만개하니	孟冬初吉方葳蕤
중양절 좋은 날엔 꽃망울만 맺혀 있어	重九良辰尙靑蕊
향기로운 꽃송이를 술잔에 못 띄웠네	芳英未泛鸕鷀巵
지금은 철이 지나 초목들이 다 졌는데	如今搖落歲已晩
찬란하게 피어난들 무슨 소용 있겠는가	花開爛漫終何爲
머지않아 서리 오고 얼음 꽁꽁 얼 터이니	履霜漸至堅氷厚
추위를 견뎌 낸들 네가 어찌 오래가랴	汝雖耐冷那能久
바람 향해 말없이 향기 맡고 있노라니	臨風無語嗅馨香
두보의 시 구절*이 내 심정과 똑같구나	我是前身飯顆叟

음력 9월 9일 중양절이 되면 산에 올라가 국화주를 마시고 국화

* 두보의 시 구절 : 두보의 시 「뜰 앞의 감국화를 보고 탄식하다歎庭前甘菊花」에 "처마 앞의 감국화를 늦게 옮겨 심었더니, 중양절이 되었어도 꽃이 파래 딸 수 없네.庭前甘菊移時晩 靑蕊重陽不堪摘"라고 하였다.

전을 먹는 세시 풍속이 있었다. 그런데 한 달가량 지난 10월 초에야 국화가 만개하였기 때문에 정작 중양절에는 국화를 감상하지도, 국화주를 마시지도 못하였다. 뒤늦게 핀 국화를 보면서 쓸쓸한 마음이 드는 것은 중양절을 즐기지 못해서가 아니다. 늦게나마 이처럼 국화가 만개한 것이 반갑지만, 곧 매서운 추위와 서리가 밀어닥치면 끝내 견디지 못하고 시들어 버릴 것이기 때문이다.

의정부 뒷마당에 핀 철쭉꽃

議政府堂後羊躑躅

흐드러진 연분홍 꽃 비단으로 만들었나	淺紅繁艶翦輕紗
삐죽삐죽 긴 잎사귀 몸을 잘도 가렸구나	橢葉參差巧自遮
물에 비친 모습은 무지개가 뜬 듯하고	照水倒浸新螮蝀
섬돌에선 갠 하늘에 저녁놀 빛 흩어지듯	當階晴散晩雲霞
황각에 의지하여 큰 나무로 자라나고	偏倚黃閣高成樹
재상의 은덕 입어 푸지게도 피었으니	仰被商霖亂發花
하찮은 꽃조차도 감화될 줄을 알아	微物亦能蒙變化
깊은 땅에 뿌리 내려 꽃 필 채비 했나 보다	托根深地好備姱

5월쯤 피는 철쭉은 우리나라 전 지역에 자생하는 꽃이다. 무성한 초록 잎 사이에서 피는 연분홍색 철쭉은, 이 시에서 묘사한 대로 고운 비단을 오려 만든 조화造花처럼 보이기도 한다. 연분홍 꽃이 물에 어리비치면 물빛이 무지개 빛깔을 띠고, 뜰에 무리 지어 핀 모습은 붉게 번져 가는 저녁노을을 연상시킨다. 그런데 이 철쭉이 의정부 건물의 뒷마당에 피어 있다. '황각黃閣'이라고도 불리는 의정부는 임금을 보

필하여 나라를 다스리고 백성들을 편히 살게 하는 책무를 지닌 재상들이 근무하는 관청이다. 성현은 의정부 뒷마당에 철쭉이 이처럼 푸지게 핀 것은 건물 주인인 재상들의 은덕 때문이리라고 하였다. 하찮은 꽃이 그러하다면 백성들은 두말할 것도 없이 편안히 삶을 영위하고 있을 터이다. 이는 꽃에 빙의憑依하여 드러낸 시인의 간곡한 바람일 것이다.

유본 집의 동백꽃
有本家山茶花

봄날의 동산 안에 허다한 동백나무　　春色園裏許多叢
복사 오얏 한창일 때 빛깔이 더욱 짙네　　桃李爛時色更濃
무소 가죽 갑옷 같은 녹색 잎에 감싸였고　　犀甲葉稜包樹綠
학 머리의 홍반처럼 붉은 꽃이 강에 가득　　鶴頭花綻滿江紅
어여쁜 꽃 모양은 최고라고 할 만한데　　妖嬌形狀難相似
크고 작은 자태는 저마다 다르다네　　小大風標自不同
상상컨대 머나먼 남쪽 바다 섬들에는　　遙想南溟諸島嶼
만 그루가 불꽃처럼 눈 속에서 타오르리　　萬株如火雪中烘

조카 성세원成世源 ?~1502의 집에 있는 동백을 주제로 한 시이다. 성세원은 성현의 큰형 성임의 넷째 아들로, 유본有本은 그의 자字이다. 동백은 우리나라에서 제주도와 중부 이남에서만 생장하는 만큼, 서울에 사는 성세원이 키우던 동백은 분재였을 것이다. 즉 조카 집의 동백나무 분재를 보고서 남쪽 지역에서 만개하였을 동백꽃을 상상하며 이 시를 지은 것이다. 가죽처럼 두껍고 윤기 나는 무성한 잎

속에서 겨울부터 봄까지 붉은 꽃을 피우는 동백은, 추운 겨울에도 만날 수 있는 친구라 하여 '세한지우歲寒之友'라고도 불린다. 초목이 모두 시든 겨울에 피는 동백꽃은 의연하고 품격 있는 군자의 모습을 연상시키기도 한다. 시를 읽노라면 동백꽃이 만개한 여수 오동도, 고창 선운사 등 남도의 정경이 그리워진다.

섬돌 위의 옥매화
家階上玉梅

가느다란 가지 끝에 무수한 목화송이	粉綿無數綴纖枝
화창한 봄기운에 예쁜 자태 드러내니	却被春和發妙姿
처음에는 햇빛 아래 진주처럼 반짝이다	初照日光珠的皪
끝내는 바람 만나 눈처럼 흩어지네	竟遭風陣雪離披
약한 자질 가지고도 무성히 꽃을 피워	能將弱質紛舒素
먼지가 날아와도 더럽히기 어려운데	縱過遊塵未易緇
매화와 짝을 하여 겨울에 피지 않고	不伴寒梅娛歲晚
수많은 봄꽃들과 아름다움 다투누나	謾隨群卉共爭奇

매서운 추위를 이겨 내고 가장 먼저 꽃망울을 터뜨리는 꽃이 매화이다. 추운 겨울에 말라 죽은 것처럼 보이는 울퉁불퉁한 가지에서 그토록 눈부신 꽃을 피우는 매화는 소나무, 대나무와 함께 '세한삼우歲寒三友'로 불리기도 한다. 그러나 옥매화는 겨울이 아닌 봄에 꽃을 피운다. 가느다란 가지에 다닥다닥 피는 하얀 꽃송이는 솜뭉치처럼 탐스럽고, 촘촘하게 겹쳐진 꽃송이가 만개하면 가지는 온통 꽃으로

뒤덮여 버린다. 먼지바람이 불어도 더럽혀질 것 같지 않은 순결한 자태로 복사꽃, 자두꽃 등과 함께 봄날 아름다움을 다투다가 비바람에 꿈결처럼 흩어져 사라진다.

이웃집 뜰에 핀 홍도화

洪家墻內紅桃

화사하게 담장 밖에 가지 뻗은 붉은 복사　緋桃璀璨出墻隅
바람 햇살 받으면서 곱게 길을 비춰 주니　風日嬌酣照道途
비단 휘장 쳐 놓은 듯 십 리가 눈부시고　十里光搖錦步幛
붉은 담요 덮은 듯이 온 집이 따뜻하네　一堂香煖赤氍毹
아름답게 만개하여 섬돌에 그늘 짙고　繁英耀砌陰還黑
작은 꽃잎 날릴 때는 색이 더욱 어여쁘네　細片飄風色更腴
봄 가득한 도성에는 부귀한 집이 많아　春滿長安多富貴
떠들썩한 풍악 소리 길에 온통 넘치누나　豪家歌吹匝康衢

화사하고 고운 봄꽃들 중에서도 유난히 화려한 색깔과 자태로 눈길을 끄는 꽃이 홍도화이다. 홍도화가 만개한 곳은 말 그대로 비단 휘장을 펼친 듯이 눈이 부시다. 풍성하게 꽃이 핀 가지는 짙은 그늘을 드리우고, 바람 불면 꽃잎이 날려 붉은 꽃비가 내린다. 따사로운 봄볕 아래 흐드러지게 핀 홍도화는 봄 정취를 한껏 돋우어 보는 이의 가슴을 설레게 한다.

패랭이꽃
石竹花

때맞추어 장맛비가 찜통더위 씻어 주니　霖雨知時洗蘊隆
여린 싹이 비를 맞고 무더기로 돋아났네　句萌涵澤蔚成叢
갈라진 줄기에는 가느다란 녹색 잎들　連莖細葉森森綠
활짝 펼친 고운 꽃은 연분홍 빛깔이네　敷地鮮英淺淺紅
제 뜻대로 시냇가의 모래에서 자라날 뿐　偏傍澗沙隨意綠
마당에서 사람에게 교태 부릴 줄 모르니　不知泥土媚人濃
만약에 화분에다 뿌리 옮겨 심는다면　若爲盆裏移根去
서재의 창가에다 놓아두고 볼 만하리　相對書窓几案中

패랭이는 들과 산의 건조한 땅에서 자생하는 여러해살이 풀이다. 잡초처럼 무리 지어 자라다가 여름철에 보랏빛이 감도는 분홍색 꽃을 피운다. 다른 들꽃들처럼 특별나지도 않고 눈에 잘 띄지도 않지만 아무도 보는 이 없는 곳에서 긴긴 여름 저 홀로 피었다 지는 패랭이꽃에는 소박하고 담담한 아름다움이 있다. 하찮은 들풀 하나도 제 나름의 의미를 갖게 마련이다.

빙어

凍魚

북풍이 불어와서 맑은 강이 얼어붙자	北風吹作淸江氷
만 사내들 몰려나와 얼음을 쿵쿵 치네	萬夫鼓杵聲登登
얼음판에 구멍 뚫고 그물을 쳐 놓으니	氷開小竇施罛罾
다투듯이 뛰어올라 금빛 비늘 파닥파닥	金鱗躍出爭飛騰
요리사가 칼을 들고 기름진 배 가르자	膳夫鑾刀割腹腴
눈처럼 하얀 회가 접시에 가득하네	紛紛白雪滿盤盂
인사불성이 되도록 술에 취해 비틀대다	眼花飜井醉不省
한 조각을 입에 넣자 정신이 돌아오네	一片入口精神蘇
세상 어떤 고기 맛도 이보다는 못하리니	丙穴嘉魚應避席
꿰어서 통에 담아 임금님께 바치리라	穿顋貯籠供天廚

겨울철 빙어 낚시는 낚시꾼이 아니더라도 남녀노소 즐기는 겨울 활동이다. 꽁꽁 언 강의 얼음을 뚫고 드리운 낚싯대에서 빙어가 파닥거리는 광경을 보는 것만으로도 짜릿한 즐거움을 느끼기 때문이다. 살을 에는 듯한 겨울 강바람 속에서 투명한 빛깔의 빙어가 팔딱거리고,

곧이어 접시에 하얀 회가 담겨 나온다. 실제로 성현은 술을 잘 마시지 못했다고 하지만, 이렇게 좋은 안주가 있으니 술이 빠질 수는 없을 것이다. 차곡차곡 통에 담아 대궐에 계신 임금님께 바치고 싶다는 말은 그 맛에 대한 최고의 찬사라 하겠다.

정대업
定大業

금빛 투구 채색 갑옷 살짝 서로 스치는데　　金兜彩甲暗相磨
둥둥둥 북 울리니 마치 굿판 벌이는 듯　　撾鼓紛紛若逐儺
좌우로 배열한 건 손무의 진법 같고　　左右催排孫武陣
높이 맞춰 잡은 것은 노양공의 창* 같구나　　高低齊把魯陽戈
천 년 전 목야*에서 이루었던 큰 공업에　　功成牧野千年際
음악은 이원에서 연주했던 「칠덕가」*지　　樂播梨園七德歌
오늘 아침 악무 보고 성상의 뜻 알았으니　　觀舞今朝知聖意
왕업이 영원토록 이어지길 바라실 터　　瓜綿王業遠無他

이 시는 성현이 악률 산정刪定과 『악학궤범』 편찬을 주도하던

* 노양공魯陽公의 창 : 전국 시대 초나라의 노양공이 한韓나라와 전쟁을 하다가 해가 저물었는데, 창으로 해를 밀자 해가 90리 뒤로 물러났다는 고사가 있다.
* 목야牧野 : 주나라 무왕이 은나라 제후들을 규합하여 주왕紂王과 싸워 크게 승리한 곳이다.
* 이원梨園에서 연주했던 칠덕가七德歌 : 이원은 당나라 현종 때 궁중의 악공들을 훈련하던 곳이고, 「칠덕가」는 당 태종의 업적을 찬양한 노래이다. 여기서는 장악원을 이원에, 조선 창업의 공덕을 기린 「정대업」을 「칠덕가」에 비유한 것이다.

1491년 성종 22에 지은 작품으로, 뒤에 나오는 「포구락」과 함께 「장악원에 앉아서 음악을 관람하다坐樂院觀樂」라는 총 네 수의 시에 포함된 것이다. 「정대업」은 종묘 제례 때에 사용된 음악의 이름이다. 조선 건국의 업적을 칭송하는 내용이기 때문에 음악과 함께 위무威武를 찬양하는 무무武舞를 춘다. 투구와 갑옷 차림으로 진형陣形을 펼치고 전투를 벌이는 듯한 무인舞人들의 동작을 그대로 묘사하여 조선 왕조 창업을 기리고, 이어 후왕後王들이 길이 왕업을 이어 나가기를 바라는 뜻을 덧붙였다.

포구락
抛毬樂

붉은 문에 바람 불어 깃발이 날리는데　　朱門風動捲輕幬
쌍쌍이 대오 지어 채색 공을 갖고 노니　　作隊雙雙弄彩毬
비취빛의 소매 살짝 구부린 채 나아가서　　翠袖乍彎隨地進
예쁜 머리 매만지며 공중으로 던지누나　　螺鬟頻整向空投
몸을 숙여 흰 소매로 상 받을 땐 기쁘지만　　俯擎白苧初猶喜
얼굴에다 먹물 찍는 벌 받는 건 부끄럽네　　仰點玄鴉却自羞
엄청난 비용까진 들어갈 게 없으니　　破費不須三百萬
한 묶음의 비단이면 상 내리기 충분하리　　承恩一束足纏頭

포구락은 종묘와 왕실의 연회에 사용된 춤과 노래, 즉 정재呈才의 일종이다. 송나라에서 전래한 당악 정재唐樂呈才 중의 하나로, 고려 때부터 연주되던 것을 세종 연간에 산정했다고 한다. '포구락'이란 포구문抛毬門을 가운데에 놓고 무녀舞女들이 편을 갈라 노래하고 춤추며 차례로 공을 던지는 놀이인데, 공을 구멍에 넣으면 상으로 꽃을 주고, 넣지 못하면 벌로 얼굴에 붓으로 점을 찍는다. 본래 놀이춤에서 비롯된 정재이기 때문에 시의 내용도 「장악원에 앉아서 음악을 관람하다」 제1수 「정대업」과 달리 놀이를 묘사하는 데 중점을 두었다. 동작 하나하나가 정교하게 묘사되어 영상을 보는 듯한 생동감이 느껴진다.

나례를 구경하다

觀儺

깊은 궁전 봄볕 아래 무대를 설치하고	祕殿春光泛彩棚
붉은 옷의 악공들이 종횡으로 벌여 섰네	朱衣畫袴亂縱橫
공 놀리는 솜씨는 보는 이도 어지럽고	弄丸眞似宜僚巧
줄을 타는 몸동작은 가벼워서 날아갈 듯	步索還同飛燕輕
작은 방 귀퉁이에 꼭두각시 감춰 두고	小室四旁藏傀儡
백 척의 장대 위엔 그릇들이 빙글빙글	長竿百尺舞壺觥
임금께선 광대놀이 좋아하는 게 아니라	君王不樂倡優戲
신하들과 태평 시대 향유하려 할 뿐이네	要與群臣享太平

나례는 선달 세밑에 묵은해의 잡귀를 쫓아내려고 행하던 의식으로, 중국에서 시작되어 고려 때 우리나라로 전래되었다. 섣달 그믐날 밤에 궁중에서 악귀를 쫓기 위해 폭죽을 터뜨리고 징과 북을 울렸으며, 귀신을 쫓는 역할을 하는 사람이 붉은 옷에 가면을 쓰고서 음악에 맞춰 춤을 추었다. 이때 다섯 무동이 처용의 탈을 쓰고 처용무를 추기도 하였다. 나례는 연말에 악귀를 쫓던 의식에서 점차 공연의 성

격이 강해지면서 종교성이 옅어지고 민속적인 놀이로 변모해 갔다. 이 시를 보면 당시에도 이미 나례 때 공 놀리기, 꼭두각시놀이, 그릇 돌리기, 줄타기 등이 등장하고 있음을 알 수 있다. 성현의 시에는 나례 외에도 처용, 제석, 약밥 등 민속 관련 소재들이 등장한다. 이로써 그가 국가 풍속과 백성들의 생활상에 깊은 관심을 지니고 있었음을 확인할 수 있다.

정옥경의 거문고 연주를 듣고

聽鄭玉京琴

늙은 내가 평생토록 거문고를 즐겼으나	老我平生耽綠綺
장악원 제조 되어 부끄러움 많았으니	身任一夔深自恥
장악원에 무수한 악공들이 있는데도	梨園弟子繁有徒
본원을 터득한 자 얼마 없기 때문이네	得其源者蓋無幾
이 악사가 세상 뜬 뒤 김 악사가 뒤를 이어[*]	李師已逝金師出
당시에 높은 명성 견줄 사람 없었는데	當時擅場無與擬
그대에게 이르러서 더욱 절묘해졌으니	乃至於爾更絶妙
물에서 생긴 얼음 물보다도 찬 격이라	氷生於水寒於水
귀천을 막론하고 모두들 귀 기울여	人無貴賤皆側帽
듣기를 즐기면서 싫증 내지 않는다네	聽之不厭共相喜
관현악이 분분하게 성안에 넘치지만	紛紛絲管滿城華
좋은 곡조 있더라도 연주하는 손이 없고	縱有此聲無此指
뒤 시대의 백아가 종자기를 잃은지라	後時伯牙失鍾期

* 이 악사가……이어 : 이 악사와 김 악사는 성종 때 거문고로 이름을 떨친 이마지李亇知와 김복근金福根을 가리킨다. 이마지는 성종의 총애를 받아 전악典樂을 두 번이나 지냈으며, 성현도 그에게 거문고를 배웠다고 한다. 김복근은 성현과 함께 『악학궤범』 편찬에 참여한 사람이다.

연주하는 손 있어도 알아듣는 귀가 없네	縱有此指無此耳
가슴속에 기쁨과 슬픔 함께 밀려와서	却嫌氷炭置我腸
취중에 손을 저어 급히 중지시켰는데	醉中揮手遽呼止
고운 여운 쟁쟁하게 들보 곁을 맴돌므로	餘音嫋嫋尙繞樑
심취하여 저녁 내내 넋을 놓고 앉아 있네	我忘肉味今夕矣

60세이던 1498년연산군 4, 성종 연간에 거문고로 이름을 떨쳤던 이마지李亇知의 제자 정옥경鄭玉京의 연주를 듣고 지은 시이다. 성현은 『용재총화』에서 이마지의 연주에 대해 "현을 퉁긴 흔적 없이 거문고 밑바닥에서 소리가 나오는 듯하여 심신心神이 송연悚然해지니, 참으로 뛰어난 솜씨이다."라고 칭찬하였다. 직접 그에게 거문고를 배워 연주하기도 하였다. 이마지는 이미 세상을 떠났는데 그의 제자 정옥경을 통해 이마지의 음악을 듣게 되니, 기쁘면서도 울컥 슬픔이 솟구친다. 그리하여 가슴속에 희비가 교차하여 손을 저어 연주를 중지시키고 말았다는 대목에서 백아와 종자기의 지음知音 고사가 떠오른다. 정옥경이 연주한 거문고 가락이 온종일 귓전에 맴돌아 넋이 나간 듯 심취한 그의 모습이 눈에 보이는 것만 같다.

아침 까마귀
朝鴉

쉽게도 날아왔다 종적 없이 사라지고	來雖容易去無蹤
그물도 상관 않고 어지러이 날개 치네	擾擾翩翩不畏罿
떼 지어서 궁궐 안의 버들에 앉았다가	作陣群飛棲御柳
종소리에 깜짝 놀라 빙빙 돌며 울어 대네	翔空亂噪駭洪鍾
궁궐 지붕 기와 위에 새벽빛이 흩어지고	曙分金殿千重瓦
섬돌 위의 오색 용에 밝은 해가 내리쬐면	日射瑤墀五色龍
미물도 황제 은택 입은 줄을 아는 건지	微物亦知涵聖澤
일시에 기뻐하며 와서 알현하는구나	一時欣抃解朝宗

이하 네 수는 1488년 성종 19 에 사은사로 중국 북경에 갔을 때 지은 시이다. 까마귀가 울며 공중을 날거나 지붕이나 나무 위로 내려앉는 모습은 흔히 볼 수 있는 것이다. 그러나 이른 아침에 자금성으로 떼 지어 날아들었다가 순식간에 사라지는 광경이 이국의 시인에게 또 다른 느낌으로 다가왔던 듯하다. 황제를 알현하러 날아온다고 한 말에는 사은사로 파견된 성현 자신의 상황이 투영되어 있는 듯하다.

길든 코끼리
馴象

성질이 순하므로 쉽게 길이 들어져서　　屈猛隨人性自馴
성스러운 세상에서 많은 사랑 받으니　　遭逢聖代飮深仁
뜰에 두면 화재를 당할 걱정 없어지고　　充庭不遇焚軀患
물건 주면 코를 먼저 뻗어서 받는구나　　得物先教運鼻伸
교지의 산속 고향 생각하면 아득한데　　交趾山中思緬邈
봉천문 밖에 와서 느릿느릿 걸어가네　　奉天門外步逡巡
꼬리에 불붙여서 적진을 공격 않고*　　何須燧尾奔軍壘
절하고 춤을 추며 황궐을 수호할 뿐　　拜舞惟知護紫宸

책에서나 보고 말로만 들었던 코끼리를 중국에 가서 실제로 보게 되었다. 이 코끼리는 오늘날 베트남 북부 지역인 교지交趾에서 길들여서 중국으로 보낸 것이었다. 어쩌면 악극단에서 재주 부리는 코끼리를 보았던 것은 아닐까 생각되기도 한다. 치렁치렁한 도포에 커다란 갓을

* 꼬리에……않고 : 춘추 시대에 초나라가 오吳나라와 싸울 때 코끼리 꼬리에 횃불을 묶어 적진으로 달려가게 하여 오나라를 격파했다는 고사가 있다.

쓴 조선의 사신들이 동요에 나오는 것처럼 물을 뿜고 물건을 코로 받는 코끼리를 아이처럼 신기하게 바라보는 모습이 떠올라 웃음을 짓게 된다.

하미 위구르

哈蜜回回

헝클어진 수염에다 빡빡머리 푹 꺼진 눈	鬆鬇剃髮眼眶深
황제에게 조회하고 특산물을 바치는데	拜伏瑤墀獻厥琛
머리에는 흰색 베를 둘둘 감아 덮어쓰고	白布裹頭編作帽
옷깃 풀어 헤친 듯이 검은 담요 걸쳤구나	烏氈蔽體類披襟
사람 보면 웃으면서 다가와 인사하고	逢人欣笑來相揖
물건 팔 땐 샬라샬라 말소리도 이상해라	賣物啁啾語異音
황제께선 보석보다 교화를 중시하니	聖主重文輕寶石
구리와 모래자갈 한가지로 여기시리	終將沙礫等南金

중국에서 만난 하미국哈蜜國의 위구르족 사신에 대해 읊은 시이다. 하미는 현재 중국의 서북쪽 신장 위구르 자치구 동부 사막 지대에 있었던 작은 나라이다. 위구르 사신을 바라보는 시선에 난생 처음 접한 미지의 문명에 대한 호기심이 드러나 있다. 중국 중심의 세계관을 탈피하지 못했던 15, 16세기 조선 지식인의 눈에 비친 이민족의 모습을 살펴보는 것도 재미있다.

라마
刺麻

붉은 모전 상의에다 하의는 입지 않고　赤罽爲衣不着裳
양털로 된 모자에는 노란 물을 들였는데　羊毛冒頂染梔黃
불경 들고 다니면서 줄줄 읽어 내려가고　橫書梵字上下讀
손으로는 쉴 새 없이 염주를 돌리누나　勤弄臂珠晨夜忙
거친 얼굴 그을려서 볼수록 추한 데다　炙日麤容看更醜
누린 냄새 풍겨 와서 다가서기 힘들어라　臨風羶臭近難當
그렇지만 잠깐 동안 불법을 배웠다고　却緣暫解銅仙術
황제께서 때때로 절에 묵게 허락했네　聖許時時住寶坊

역시 중국에서 만난 티베트 승려에 대해 읊은 것이다. 성현은 처음 본 티베트 승려의 모습이 신기했던 듯 복장이나 행동 등을 자세히 묘사하였다. 이국적인 외모와 검게 그을린 피부 등 낯설고 이질적인 모습에 경계심과 함께 거부감을 내비치고 있다.

제7장

악부시를 쓰다

악부樂府는 한漢나라 때 음악을 관장하던 관서인데, 이곳에서 민간의 노래를 채집하여 정리하였다. 그러다가 후대에는 민간의 세태, 풍속 등을 담은 음악의 가사를 지칭하게 되었다. 우리나라에서도 악부는 민간에서 부르던 노래를 한시 형태로 정리한 것, 고대 중국에서 부르던 악부를 모방하여 지은 것, 우리나라의 생활상·풍습·역사 등을 읊은 것 등 여러 형태로 발전하였다. 성현의 작품 중에는 악부 형식의 고시古詩가 많다. 가歌, 행行, 곡曲 등 다양한 형식으로 구성된 그의 악부시는 남녀의 사랑과 이별, 그리움, 원망, 전쟁의 참상, 사회 제도의 모순과 야박한 세태 등을 그려 낸 것이 대부분이다.

어부의 노래
漁父歌

갈매기 날개 씻고 모래밭에 서 있는데　白鷗刷羽蹺平沙
가을바람 불어와서 갈대꽃이 늙어 가네　秋風吹老蒹葭花
외로운 거룻배를 가는 대로 놓아두니　孤篷短棹隨所止
한 강의 안개 달이 바로 나의 집이라오　一江煙月爲吾家
배 안의 늙은 어부 유난히도 잠이 적어　舟中老夫少眠睡
깊은 밤에 비 맞으며 낚싯대를 드리우네　夜深冒雨垂芳餌
낚아 올린 붉은 고기 달아날 듯 펄떡이니　紅鱗上釣健欲飛
팔아서 술 사다가 한번 취해 보려 하네　得錢沽酒謀一醉
거나해져 노래하며 상앗대를 당기려니　醉歌欸乃拖長篙
바람결에 성근 머리 흰 눈처럼 휘날리네　鬢絲吹雪寒刁騷
긴 휘파람 소리는 구름 위로 사라지고　劃然長嘯入雲去
일엽편주 두둥실 물결 위에 춤을 추네　一葉掀舞輕波濤

작은 고깃배에서 살아가는 늙은 어부를 주제로 한 작품이다. 갈매기 날고 갈대 핀 강가에 떠 있는 작은 거룻배 하나. 강에는 휘영청 밝은 달이 비치기도 하고 자욱한 안개가 수면을 덮기도 하는데, 노인은 거룻배에서 밤을 지새우며 낚시를 한다. 싱싱한 고기를 잡으면 술을 사다 마시고 거나하게 취해 배를 젓는다. 세속적인 물욕을 벗어나 자연 속에서 자유롭게 살아가는 어부의 삶을 한 폭의 그림처럼 묘사하였다.

북망산
北邙行

겨울이 와 시든 풀에 서릿바람 매서운데	天寒衰草霜飆急
용 모양의 상여가 긴 들판을 지나가니	靈輀如龍度原隰
이웃들은 모두 와서 상여 줄을 붙잡았고	隣里執紼來相送
상복 입은 상주들은 울부짖고 흐느끼네	期功號哭緇麻泣
신분이 낮은 자는 띠풀로만 겨우 덮고	卑者纔掩一株茅
부자들은 높다랗게 비석을 세우는데	大家作碑巋然立
산머리의 땅 한 뼘이 비싸기가 금값이라	山頭有土貴如金
나중에 죽은 자는 들어갈 곳이 없네	後至無地無由入
해마다 한식이면 자손들이 찾아와서	年年寒食兒孫隊
운집하여 분향하고 제물을 올리지만	焚香奠糈如雲集
음복하고 흩어지면 까마귀 떼 날아오고	飯罷人散飢鴉飛
비 온 뒤엔 젖은 지전 나무에 붙어 있네	紙錢經雨抱樹濕
귀하거나 천하거나 죽는 것은 매한가지	人無貴賤同一歸
이를 보고 목이 메지 않을 사람 누굴쏜가	何人覩此無嗚唈
세상 이치 따져 보면 즐기면서 살 일이니	細推物理可行樂
촛불 들고 서둘러서 밤놀이를 해야 하리	秉燭夜遊如不及

북망은 중국 낙양洛陽 북쪽의 망산邙山으로, 옛날에 왕후王侯와 공경公卿 등을 장사 지내던 곳이다. 아무리 대단한 권력과 부귀를 가졌더라도 죽음을 피할 수 있는 사람은 없다. 그래서 북망산에 나날이 무덤이 들어서고, 땅값이 올라 나중에는 묏자리를 구하기조차 어렵게 되었다. 자손들은 조상의 산소에 커다란 비석을 세우는가 하면, 매년 한식마다 찾아와 성묘하고 제사를 올린다. 그러나 그들이 돌아가고 나면 제사 음식은 까마귀의 먹이가 되고, 비라도 내리면 그들이 복을 비는 데 썼던 지전紙錢이 젖은 채로 을씨년스럽게 여기저기 남아 있다. 묏자리가 아무리 좋더라도, 자손들이 지극한 효자라도 죽고 나면 소용없는 노릇이다. 그러니 헛된 부귀영화를 좇느라 짧은 인생을 허비할 것이 아니라, 내 분수껏 살아 있는 지금 이 순간을 즐겨야 한다는 것이다.

호랑이 잡는 장수

猛虎行

남산에 흰 이마에 털이 누런 범이 있어	南山白額黃於菟
번쩍이는 눈빛으로 교활한 여우 쫓다	眼光閃閃走妖狐
산모퉁이 등지고서 노하여 포효하니	咆哮一怒出負隅
어금니는 창과 같고 억센 수염 곧게 섰네	鋸牙如戟張雄鬚
장군이 팔을 걷고 아로새긴 활을 당겨	將軍唾掌彎雕弧
흰 깃털이 달린 화살 연달아 쏘아 대니	白羽連翩金僕姑
얼룩무늬 가죽에는 붉은 피가 흐르는데	斑毛迸血紅模糊
사납게 날뛰어서 누런 갈대 다 꺾이네	獰風散野摧黃蘆
뉘엿뉘엿 해 질 무렵 의기양양 돌아오자	攘臂歸來西日晡
길을 메운 구경꾼들 놀라서 감탄하니	萬人遮道驚相呼
세상에 이와 같은 대장부가 있을진댄	人間有如此俊丈夫
어찌 불러 오랑캐를 막게 하지 않을쏜가	何不喚取防北胡

백성들을 두려움에 떨게 하는 사나운 호랑이가 있다. 용맹스러운 장수가 이 호랑이를 포획하여 돌아오자 구경꾼들이 길을 메우고 구경

하며 탄성을 지른다. 그러나 성현은 이것이 작은 의협심에 불과하다고 하였다. 이렇게 용맹한 장수라면 호랑이나 잡고 으스댈 것이 아니라 나라 위해 목숨 바쳐 싸워 오랑캐를 무찌르는 큰 공을 세워야 한다. 하지만 그러기 위해서는 조정에서 훌륭한 인재를 버려두지 말고 등용하여 그에 걸맞은 역할을 맡기는 것이 선행되어야 한다.

군자답게 사는 것
君子行

군자는 무욕을 귀하게 여겨	君子貴無欲
이끗에 부림을 받지 않으니	不爲利所使
외물이 본심을 뺏을 수 없어	外物不能攖
마음이 물과 같이 담박하다네	靈臺澹如水
공명을 탐내지 말아야 하니	莫貪功與名
공명이란 하찮기가 종잇장 같고	功名薄於紙
부귀를 선망하지 말아야 하니	莫慕富與貴
부귀란 돼지 털에 사는 이 같네	富貴蝨處豕
재주 있다 교만하지 말아야 하며	才美可無驕
지위가 높아지면 멈춰야 하니	位高當知止
비단옷은 영화로움 되지 않으며	錦袍不爲榮
초라한 옷 부끄러워할 것이 없네	惡衣不足恥
본연의 선한 마음 다잡아 지켜	操持此善心
시종일관 유지하려 노력할지니	勉勉愼終始
행여라도 자신을 못 지킨다면	苟或不能守
어떻게 군자라고 할 수 있으랴	何以曰君子

군자의 마음가짐과 행실에 대한 노래이다. 군자라면 부귀와 공명을 바라서도 안 되고, 재주 있고 부귀하다고 자만해서도 안 된다. 가난하게 살더라도 인간 본연의 선함을 지키려 노력하는 자가 진정한 군자이다. 이는 타인에게 하는 말이 아니라, 군자다운 자세를 잃지 않고자 스스로에게 다짐하는 말이었을 듯하다.

변방의 피리 소리
胡笳曲

세 점 네 점 북두성이 반짝이는 때	三點四點北斗明
한 박 두 박 피리 소리 퍼져 나가네	一拍兩拍胡笳聲
피리 소리 퍼져 가는 성안에는 서리 가득	胡笳聲中霜滿城
변방 사람 듣고서 눈물 줄줄 흘리며	邊人聽之淚縱橫
그리운 집 생각에 달빛 아래 서성이네	思家步月難爲情

먼 국경 지역에 밤이 깊어 간다. 차가운 변방 하늘에는 북두칠성이 반짝거리고, 성안에는 하얗게 서리가 내렸다. 고향을 멀리 떠나온 군사들은 향수에 젖어 잠 못 들고 달빛 아래 서성인다. 이때 어디선가 들려오는 구슬픈 피리 소리가 이들을 눈물짓게 한다. 민간의 보편적인 정서를 민요풍으로 노래하면서 시각적, 청각적 효과를 가미하여 한 편의 연극이나 영화를 보는 것 같은 느낌을 준다.

변방의 노래

塞上曲

한나라는 오랑캐 막을 좋은 방책 없어　漢家禦戎無上策
한나라 군병들이 사막에서 죽었으니　漢兵愁沒黃沙磧
중간에 적을 베고 사로잡긴 하였지만　縱有中間多斬獲
인명 피해 똑같은데 무슨 이익 있었으랴　殺傷相半縱何益
그대 보지 못했는가　君不見
오랫동안 앓아 온 가슴 막힘 증상에는　多年病痞在胸膈
약 먹으면 설사하여 원기 먼저 상하나니　服藥暴泄先傷脈
오곡으로 몸의 원기 보양해야 하는 법　當持五穀調補神明宅
그리하면 병이 낫고 살이 찌게 마련이지　自然病去身豐碩
오랑캐들 천성이 난폭하고 사나워서　天生桀驁夷與狄
굳센 활과 살진 말을 대적하기 어려우니　弓勁馬肥難可敵
회유책을 쓰는 한편 변방을 굳게 지켜　不如羈縻固疆域
우리 백성 편안하게 살게 함이 상책이리　使我萬姓安衽席

국가는 평소 철저한 방어책을 강구하고, 힘을 길러 이웃 나라가

함부로 침략하지 못하게 해야 한다. 제대로 대비하지 못하다가 침략을 당해 무력으로 맞붙으면 국가의 존립조차 장담하지 못할뿐더러, 그 피해가 고스란히 백성들에게 돌아간다. 전쟁을 위한 물자도 백성들에게서 나오며, 전장에 나가 목숨 걸고 싸우는 것도 백성들이기 때문이다. 그러므로 외세의 침략에 전쟁으로 맞서기보다는 원만한 외교 관계를 통해 분쟁을 해결하는 것이 더 좋은 방책이라는 주장이다.

절개 지킨 부인의 노래
節婦吟

여뀌를 먹어 봐도 쓰지가 않고	食蓼蓼未苦
산초를 삼켜 봐도 맵지 않으니	呑椒椒未烈
인간 세상 많고 많은 시름 중에서	世間無限愁
생사 간의 이별만큼 큰 건 없다네	無如生死別
밤길에서 몹쓸 일을 당할까 봐 두려우니	恐遭厭浥行露多
죽더라도 절개 잃지 않겠다고 맹세하네	有手可斷耳可截
평생토록 사별한 채 독수공방해야 하니	契闊百年守空閨
어찌하면 한 무덤에 묻힐 수 있으려나	如何一日歸同穴
기둥 안고 죽은 것*은 지나치다 말들 하나	人言抱柱節太苦
나도 응당 그처럼 내 목숨을 버리리라	若比予心如合轍

남편과 사별한 여인이 있다. 사람이 살면서 겪게 되는 슬픔 중에

* 기둥……것 : 춘추 시대 노나라 미생고尾生高가 연인과 다리 밑에서 만나기로 하고 기다리던 중에 폭우로 물이 불어 위험한 상황이 되었는데도 피하지 않고 다리 기둥을 붙잡은 채 기다리다가 물에 휩쓸려 죽은 일을 말한다. 정인情人과의 약속을 지키기 위해 목숨을 바친다는 뜻이다.

서 배우자와 사별하는 것보다 더 슬픈 일은 없을 것이다. 여뀌가 아무리 쓰다 한들, 산초가 아무리 맵다 한들 남편을 잃은 슬픔의 고통과는 비교조차 할 수 없다. 슬픔을 감내하며 평생 정절貞節을 지키려 하지만, 불량하고 난폭한 사내들에게 험한 일을 당하기라도 할까 봐 걱정스럽다. 청상과부로 남은 평생 살면서 몸을 더럽히느니 차라리 남편을 따라 죽어 한 무덤에서 영원히 잠들고 싶다는 여인의 곧은 절개가 눈물겹다.

객지살이

遊子吟

고향 떠나 객지에 나와 있는 몸　　遊子去古里
오랫동안 먼 곳에서 떠돌다 보니　　天涯行役久
바람 높고 눈서리는 몰아치는데　　風高霜雪寒
옷이 해져 팔꿈치가 드러났어라　　衣破露雙肘
문에 기대 기다리실 모친 생각에　　仰念倚閭人
슬퍼져서 부질없이 머리 긁으니　　怊悵空搔首
내 옷을 한 땀 한 땀 꿰맨 솜씨는　　衣中針線縫
모두가 자애로운 어머니 손길　　皆出慈母手

객지에 오랫동안 나가 있으면 따뜻한 어머니의 손길이 사무치게 그리워진다. 시인은 남루한 옷차림의 사내를 보며 고향에서 그를 기다리는 어머니를 떠올린다.

집을 떠나 객지를 떠돈 지 오래된 사내가 있다. 매서운 눈보라가 몰아치는데, 옷이 해어져 팔꿈치가 삐져나왔다. 집을 떠나올 때 어머니가 정성스레 지어 주신 옷이 이제는 다 낡아 버린 것이다. 문에 기대어 자식을 기다리실 어머니 생각에 머리를 긁적이는 사내. 취업을 하지 못했거나 실직 상태라서, 경제적으로 많이 어려워서, 성공하지 못해서 명절에도 고향을 찾지 못하는 우리 시대 자식들의 모습을 떠올리게 한다.

귀뚜라미

促織詞

물빛같이 맑은 달빛 창을 환히 비추는 밤	月華如水近牕戶
침상 아래 귀뚜리가 부지런히 발 놀리니	床下斯螽勤動股
하룻밤에 비단을 몇 필이나 짜는 건지	一霄織成幾絲縷
찌륵찌륵 귀뚤귀뚤 듣기 정말 괴롭구나	喞喞凄凄聲正苦
게으른 옆집 아낙 교만하고 우매하여	東家嬾婦驕且憨
열 손가락 놀려 둔 채 쿨쿨 잠에 취했는데	十指長閑睡正酣
온전한 옷도 없고 옷감 또한 없으니	身無完衣篋無帛
이 소리를 듣는다면 부끄러움 느끼리라	聞此蟲語應懷慙

귀뚜라미를 주제로 한 노래이다. '촉직促織'은 '길쌈을 재촉하다.'라는 뜻으로, 귀뚜라미가 가을밤에 길쌈을 재촉하느라고 운다 하여 붙은 별명이다. 밤새도록 우는 귀뚜라미를 의인화함으로써 길쌈하지 않고 게으름 피우는 여인들을 경계하는 내용을 담았다.

나무꾼의 노래
樵童詞

떨어진 삿갓 쓰고 칡덩굴 옷 입은 그	夫須破笠薜蘿衣
딱따구리 두 마리가 보고 놀라 날아가네	啄木爲伴相驚飛
아침에는 온 골짝이 울리도록 나무하고	朝行丁丁聲滿谷
해가 지면 도끼 메고 노래하며 돌아가지	日暮荷斧長歌歸
잔가지는 밥을 짓는 땔감으로 제공하고	小枝作薪供炊爂
큰 줄기는 잘게 패어 숯으로 만든다네	大柯亂斫燒作炭
팔아 술을 사 마시면 추위에 떨 걱정 없고	得錢沽酒不怕寒
나무 아래 취해 자면 부르는 사람 없네	醉眠林下無人喚

가난하지만 매인 곳 없이 자유롭게 살아가는 나무꾼을 소재로 한 노래이다. 나무를 베어 땔감으로 내다 팔고 숯도 만들어 파는 나무꾼이 있다. 돈이 생기면 술을 사 마시고 취하면 나무 아래에 누워 자는 그가 범상한 나무꾼이 아니라는 것은 쉽게 눈치챌 수 있다. 세속적인 부귀영화 따위는 염두에 두지 않는 자유로운 영혼의 소유자, 은자隱者의 모습이다.

소나무 분재

怪松謠

소나무 분재 하나 석 자 남짓 될 듯한데	盆中矮松三尺强
굽은 가지 굳센 줄기 당당한 기개로세	虯枝鐵榦交昂藏
뒤틀리고 쪼그라져 키는 비록 작지마는	磈礧蹙縮身不長
때때로 푸른 잎이 눈서리를 이겨 내네	時敷翠葉凌雪霜
이렇듯이 곧은 절개 은사가 사랑하니	幽人愛此亭亭節
서재 창에 드리워진 그림자도 깨끗해라	影射書牕淸且潔
세월 지나 거북이나 학의 자태 지닌다면	千年老質若變龜鶴姿
너에게서 장생하는 비결을 배우리라	與爾同得長生訣

기이한 형상의 소나무 분재를 노래한 것이다. 줄기가 휘고 가지가 뒤틀린 작은 분재에 지나지 않지만, 항상 푸른빛을 잃지 않는 소나무는 곧은 절개를 상징한다. 게다가 소나무는 불로장생不老長生을 상징하는 십장생十長生 중의 하나이기도 하다. 이렇게 맑고 깨끗한 소나무 분재를 서재의 창가에 두고 보면서 그 기상과 절개를 배우고 싶다는 것이다.

백발

白髮謠

지사는 나라 위해 온갖 근심 품지마는	志士傷時懷百憂
푸른 청춘 시절을 잡아 둘 순 없으니	少年青春挽不留
흰머리에 쓸쓸하게 찬바람이 부는 것은	素毛吹鬢寒颼颼
마른 풀에 찬 서리가 하얗게 내리는 격	正如枯草遭霜秋
머리숱이 적어져서 흰머리도 못 뽑으니	今年髮稀難鑷抽
내년이면 다 빠져서 대머리가 될 듯하네	若至明年如禿鶖
고관이라도 세월은 피해 가지 못하는데	公道不饒公與侯
한미한 자 머리 위에 예외를 두려 하랴	其肯饒借寒人頭

신분이 높건 낮건, 부유하건 가난하건 사람이 늙어 죽는 것은 만고불변의 이치이다. 지체 높은 임금이라도 늙는 것을 피할 수 없으니, 우리들 범인이야 말할 필요가 없다. 나이 들어 흰머리가 늘고 머리숱도 점점 줄어드는 것이 서글프지만, 그에 연연해하지 않고 자연의 이치로 받아들일 뿐이다.

다듬이질하는 여인
擣衣篇

강물 같은 달빛이 은물결을 쏟는 때에　　月光如水銀波瀉
청녀*가 한 번 웃고 흰 가루를 뿌리는데　　青女一笑粲萬瓦
뉘 집인가 밤늦도록 다듬이질하는 소리　　誰家擣衣夜深坐
다듬이질 소리 맞춰 구슬프게 노래하네　　碪上悲歌碪尾和
북풍이 몰아쳐서 추위가 매서운데　　風從北來不耐寒
만 리 밖의 낭군님은 홑옷 입고 있으리라　　良人萬里衣裳單
묵은 솜 다시 틀어 촘촘하게 바느질해　　還披古絮密密縫
고이 싸서 돌아가는 기러기에게 주니　　題封付與歸飛鴻
저고리와 바지의 천만 가닥 명주실에　　衣裳千絲復萬絲
가닥가닥 맑은 눈물 밴 것을 누가 알까　　誰知一一淸淚滋

차가운 달빛이 물빛처럼 세상을 비추더니, 눈이 날려 지붕을 하얗게 덮는다. 먼 변방에서 추위에 떨고 있을 남편을 위해 여인은 밤새

* 청녀 青女 : 서리와 눈을 주관하는 전설 속의 여신女神이다.

시린 손을 호호 불어 가며 다듬이질을 하고 솜을 넣어 옷을 짓는다. 밤새워 지은 옷을 고이 싸서 북쪽으로 돌아가는 기러기 편에 부친다. 낭군을 향한 그리움으로 바느질 한 땀 한 땀 눈물이 배어 있는데, 낭군은 사무치는 이 마음을 알기나 할는지…….

이 슬픔을 어이할까

征婦怨

지아비와 아들이 다 전쟁터로 나가는데 夫從軍去子從行
따라 나가 배웅하며 소리 죽여 울었으니 妾今來送啼吞聲
군사들의 밥을 짓고 물 긷는 일 자원하여 不如從軍備晨炊
생사고락 함께하지 못한 것이 한스럽네 一身衣食同死生
어젯밤에 지아비가 적군에게 찔려 죽고 昨夜夫爲驕虜搶
아침에는 아들이 또 난군에게 죽었으니 今朝子亦死亂兵
배도 없이 강물 위를 떠가는 듯한 신세 中流失船無所倚
하늘 향해 통곡하니 이 슬픔을 어이할까 呼天掩淚難爲情

세상에 전쟁보다 끔찍한 일도 없을 것이다. 전쟁터에 끌려가 목숨 바쳐 싸워야 하는 사내들은 말할 것도 없지만, 살아 돌아올 기약도 없는 곳으로 남편이나 아들을 떠나보내야 하는 아낙네들의 처지도 슬프고 암담하기는 마찬가지이다.

이 여인은 전쟁터로 나간 남편과 아들이 한꺼번에 전사했다는 소식을 들었다. 가슴이 무너지는 듯한 슬픔 앞에서 가녀린 여인이 무엇을 할 수 있을까. 차라리 그때 남편과 아들을 따라가서 군사들의 밥을 짓고 물을 길으며 함께하지 못한 것을 사무치게 후회하며 하늘을 향해 통곡할 뿐이다.

누에 치는 아낙네
蠶婦歎

참새 부리만 한 잎이 뽕나무에 새로 돋자	桑葉尖新生雀觜
누에 치는 여인이 개미누에 쓸어 주고	羅敷親掃纖纖蟻
피곤한 줄도 잊고 뽕잎 따다 먹이지만	傾筐採葉不知勞
잠박 위의 누에들이 추워 잠을 깨지 않네	滿箔蠶寒眠不起
헝클어진 검은 머리 빗질조차 못 하고서	雲鬟歷亂未束粧
밤늦도록 잠 못 자고 푸른 등불 밝혀 두니	夜深無寐青燈光
끼익끼익 물레 소리 듣는 것도 괴롭지만	機車鵶軋鳴正苦
고운 손이 비단실을 잣는 것도 쉽지 않네	玉手難做繰絲長
도성 안 부잣집의 붉은 대문 안에서는	長安甲第朱門戶
고급 비단 걸치고서 시끄럽게 가무하며	越羅蜀錦鬧歌舞
좋은 새 옷 과시하는 즐거움이 끝없으니	爭新鬪美樂不足
이 여인의 괴로움을 알아줄 이 누구일까	誰知此婦良辛苦

누에 치는 여인의 애환을 노래한 작품이다. 봄에 뽕잎이 돋아 나면 누에씨를 받아다 누에를 치고, 누에가 고치를 켜면 실을 자아

내어 비단을 짜는 여인이 있다. 잠도 마음껏 자지 못하며 고된 노동에 시달리지만, 정작 당사자는 본인이 짠 비단으로 옷 한 벌 지어 입지 못한다. 화려한 비단옷을 차려입고 술 마시고 춤을 추며 즐기는 부자들은 여인의 수고를 알 리도 없을뿐더러 알려고 하지도 않는다. 1960~1970년대 방적 공장에서 손이 부르트도록 일했던 어린 누이들의 모습을 떠올리게 하는 작품이다.

가을장마
秋雨歎

차가운 비를 몰고 서풍이 불어와서	金風吹雨涼蕭蕭
가을날 뜨락에 선 파초를 뒤흔드니	秋光欲擺庭中蕉
메밀꽃이 떨어지고 콩꼬투리 검게 변해	蕎花半摧豆莢黑
농부가 손 놓은 채 시름에 젖어 있네	田夫抱膝愁無聊
돼지 잡아 사직단에 비 그치길 빌어 보고	豚肩就社祈秋祭
용에게도 빌어 보나 날이 개지 않으니	呼龍去雲天未霽
시래기로 처자식들 연명이야 하겠지만	蓄蔬猶可活妻孥
세금 내라 독촉하는 매질은 어찌할까	鞭扑何堪催賦稅

가을장마가 들어 수확기의 농작물이 큰 피해를 입게 되었다. 비를 그치게 해 달라고 하늘에 기도하고 용에게 빌어 보지만 아무런 효험이 없다. 뾰족한 수가 없으니 이제 시래기죽으로 연명해야 할 텐데, 세금을 독촉하는 관리들의 매질을 어떻게 견뎌 내야 할지 막막하다. 백성들의 고달픈 삶을 안타까워하는 마음이 느껴지는 노래이다.

길이 서로 그리건만
長相思

길이 서로 그리건만	長相思
만날 수가 없는 사람	思不見
내 마음은 종이 연이 바람에 흔들리듯	心如紙鳶風中戰
돗자리는 말 수 있고 돌은 굴릴 수 있지만	有席可捲石可轉
이 마음의 답답함은 언제나 가시려나	此心鬱結何時變
그리운 임 멀고 먼 하늘 끝에 계시는데	所思遠在天之陬
아련히 흰 구름과 나무만 보이누나	雲天綠樹晴悠悠
끝이 없는 시름에	悠悠不盡愁
홀로 앉아 공후 타니	獨坐彈箜篌
공후 가락 우는 듯 호소하는 듯하여서	箜篌如訴復如泣
곡 끝나자 저고리에 눈물이 흥건하네	彈罷不覺羅衫濕
쌍쌍이 날아가는 새가 되어서	願爲雙飛鳥
우리 임 창문 앞에 서 있고 싶고	向君牕前立
환히 세상 비추는 달빛이 되어	願爲明月光
우리 임 휘장 안에 들어가고파	穿君帷箔入
슬픈 노래 부르면서 긴 밤 내내 잠 못 드니	悲歌無寐夜何長

꿈에라도 산을 넘어 찾아가지 못하누나 魂夢不渡遼山陽
길이 서로 그리느라 長相思
애간장만 끊어지네 空斷腸

'장상사長相思'라는 제목의 악부는 남조南朝와 당나라 때 많이 지어진 것으로, 오랫동안 멀리 떨어져 있는 정인情人을 그리워하는 마음을 담은 노래이다. 성현 역시 연인을 그리워하는 애타는 마음을 노래하였는데, 3언, 5언, 7언을 넘나드는 구성으로 슬픔과 안타까움을 극대화하고 리듬감을 고조시켜서 악가樂歌의 특징을 충실히 드러내었다.

먼 이별
遠別離

먼 이별	遠別離
가까운 이별	近別離
이별은 쓰디쓰고 슬픈 것이지	遠別情酸近別悲
살아 이별	生別離
죽어 이별	死別離
살아서 이별하면 재회라도 한다지만	生別猶可期
죽어서 이별하면 영원히 끝인 게지	死別不相知
세상에는 이런저런 이별이 있지마는	世間離別多路岐
헤어지면 가슴속에 그리움을 품게 되니	臨岐各抱長相思
가슴속의 그리움 다할 날이 없어라	長相思思不盡
살아 있고 가까우면 볼 수라도 있겠지만	生者近者可見之
죽은 자는 그만이라 쫓아갈 길 없으니	死者已矣不可追
먼 이별과 사별보다 더 힘든 건 없으리라	人情所苦莫如遠別離與死別離

정인과 사별한 사람의 애절한 슬픔을 주제로 한 노래이다. 사랑하는 사람과 이별하게 되면 슬프지 않을 수 없다. 하지만 헤어져도 가까이에 있거나 살아 있다면 다시 만날 희망이라도 가지고 살겠지만, 한 사람이 영영 세상을 떠나 버린 경우에는 그 슬픔이 더욱 클 수밖에 없다. 이것이야말로 가장 먼 이별이다. 악부의 특성을 살린 리듬감과 독백하는 듯한 가사가 슬픔을 배가한다.

박복한 내 운명

妾薄命

내 눈썹이 버들 같고 얼굴이 꽃 같던 때	妾眉如柳顏如花
창 앞에서 고운 손이 비파를 탔었는데	當牕纖手撫箏琶
당신이 내게로 와 방 안에서 꼼짝 않고	君來妾家不出閾
해로하길 바라는 마음 서로 같았지요	偕死同心如蔦蘿
곱디곱던 내 얼굴이 해마다 시들어 가	自從妾貌年年謝
당신 위해 요 이불에 좋은 향을 썼지마는	爲君衾枕薰蘭麝
당신은 흘러가는 물처럼 종적 없고	君隨流水去無蹤
나는 지금 홀로 남아 긴긴 밤을 지새워요	妾今獨守紗窓夜
당신 마음 변했다고 원망할 게 뭐 있나요	不是君心有衰歇
내가 본래 박복해서 사랑이 끊긴 거죠	妾自命薄恩中絶
사랑이 끊어지니 어찌할 길이 없어	恩中絶未如何
소매에 얼굴 묻고 남몰래 흐느껴요	靑衫掩泣空幽咽
원수 보듯 나를 보고 새 사람을 사랑하니	視舊如讎新媚嫵
그녀는 보물단지 나는 천덕꾸러기죠	重如金甌賤如土
그대여 단 냉이만 좋아할 게 아니라	請君莫耽甘薺味
연못 위의 쓴 연심도 한번 씹어 보세요	暫試池上蓮心苦

나이 들어 남편에게 버림받은 여인의 슬픔을 주제로 한 노래이다. 아내가 젊고 예쁘던 시절에는 잠시도 옆을 떠나지 않으려고 하던 남편이, 나이 먹어 가는 아내를 두고 새 여자를 맞아들이고 나더니 아내를 원수 보듯 하며 온갖 구박을 한다. 백년해로하자고 약속했던 옛일을 떠올리면 눈물이 앞을 가릴 뿐이다. 하지만 이는 인간의 속되고 이기적인 행태를 상징하는 것일 뿐이다. 상대가 힘 있고 부유할 때는 어떻게든 비위를 맞추려 들다가도, 이용할 가치가 없어지면 가차 없이 등을 돌리는 것이 세상인심이다. 달면 삼키고 쓰면 뱉는 경박한 세태는 평생을 약속한 부부 사이도 갈라놓는다. 눈앞의 이익과 욕망에 눈이 멀어 인간의 도리마저 저버린 남편을 향한 절절한 하소연이 가슴 아프다.

험한 세상길
行路難

그대 보지 못했는가	君不見
뜬구름과 다름없는 부귀와 공명이란	功名富貴浮雲浮
하늘이 정한 거요 사람 힘이 아닌 것을	自有天定非人謀
소진 장의 혀를 놀려 부귀영화 누렸어도	蘇張舌上萬戶侯
끝내는 혀로 인해 죽음을 당하였지*	畢竟其舌生戈矛
천금은 흩어지면 다시 모을 수가 없고	千金散盡不復聚
집은 한번 기울면 지탱하기 어려운 법	大廈一墜難支拄
희우*에게 비단옷이 무슨 영광이라던가	犧牛文繡榮何補
돼지 털에 붙은 이는 끝내 물에 삶기는 법*	豕蝨投湯終作苦
세상길은 험난하고 괴로운 일도 많아	行路難多辛酸

* 소진蘇秦……당하였지 : 소진과 장의張儀는 전국 시대의 대표적인 유세가이다. 소진은 합종책合從策으로 6국의 재상을 겸하였지만 뒤에 합종이 와해되자 죽음을 당하였고, 장의는 연횡책連橫策으로 진秦나라를 도와 5개 읍을 봉지封地로 받고 무신군武信君에 봉해졌으나 연횡이 깨짐에 따라 불행한 말년을 맞았다.

* 희우犧牛 : 제사에 제물로 쓰이는 소를 말한다. 제사 때 쓰기 위해 좋은 먹이를 먹이고 아름다운 비단을 둘러 제물로 바친다.

* 돼지……법 : 돼지 털에 붙어 사는 이가 그곳이 세상에서 가장 편안하고 좋은 집이라고 여기지만, 돼지가 도살당하면 함께 끓는 물에 삶기게 된다는 말이다. 부귀영화의 덧없음을 뜻한다.

진흙 길에 낑낑대며 비틀비틀 걸어가네 泥途榾榾行蹣跚
농사지을 밭이 있고 먹을 나물 있으니 有田可耕蔬可餐
구름 덮인 산골에서 은거함만 못하리라 不如與子棲雲巒

'행로난行路難'이란 세상살이의 어려움을 말한다. 사람들은 모두 부귀영화를 얻기 위해 기를 쓰지만, 부귀영화란 바라고 노력한다고 반드시 얻어지는 것이 아니다. 또 그토록 바라던 부귀영화를 얻는다고 해도 그것은 뜬구름처럼 헛된 것이다. 그러니 허망한 욕망을 위해 안달할 게 아니라 산골에서 농사지으며 무욕의 삶을 사는 편이 낫다고 말한다.

그대 말은 누런색

君馬黃

그대 말은 누런색	君馬黃
누렇고 광채 나서	黃且光
하늘 길로 날아올라 의기양양 치닫는데	飛升天路驕騰驤
내 말은 하얀색	我馬白
하얀색은 볼품없어	白無色
사 가는 사람 없이 마구 안에 엎드렸네	白無所售空伏櫪
못난 말과 뒤섞여도 가여워 하지 않아	駑駘與伍無人憐
병들어 소금 수레 끄는 곤경을 당하누나	玄黃未免鹽車厄
세상의 일이란 게 모두가 이와 같아	世間萬事有如此
좋은 인재 버려져서 헛되이 늙어 가네	奇才不遇空老矣

원제목 '군마황君馬黃'은 '그대 말은 누런색'이라는 뜻의 첫 시행에서 비롯되었다. 세상 사람들은 같은 말이라도 색깔에 따라 평가를 달리하는 편견을 가지고 있다. 이는 사람을 평가할 때도 마찬가지이다. 당사자의 성품과 능력이 아니라 외모와 문벌, 학벌, 지연 등 외형적

인 잣대로 사람을 평가한다. 그 때문에 훌륭한 인재가 쓰이지 못하고 버려지니, 이는 한 개인만이 아니라 사회 전체로 보아도 무척이나 불행한 일이다.

제비가 진흙 물고
燕含泥

제비가 진흙 물고	燕含泥
가지런한 검은 옷에	烏衣齊
자그마한 갓을 쓰고	烏冠低
진흙 물고 날아와서 처마 밑에 집을 짓네	含泥飛入人家棲
넓은 하늘 향해서 날지도 않고	不向雲霄去
깊은 수풀 속에서 울지도 않고	不穿深樹啼
어찌하여 진흙 물고 세력가에 붙좇느라	胡爲含泥附炎熱
손과 입이 부르트고 닳도록 고생하나	手口偕勞作据拮
이 보세요 주인어른	我言主人翁
제가 하는 얘기 좀 들어 보세요	聽我殷勤說
숲속의 까마귀도 끝내는 화살 맞고	林烏竟遭金彈射
들꿩도 매의 습격 피할 길이 없으니	野鷄未免蒼鷹竊
사람에게 기대어 큰 집 처마 밑에 살며	不如依人大廈間
풍우와 재앙 모두 피하는 게 제일이죠	無風無雨無災孼

제비는 여느 새들과 달리 민가의 처마에 집을 짓고 살아간다. 그 때문에 제비는 세력가에게 빌붙어 지내는 사람들을 비유하는 대상이 된다. 작자는 제비에게, 넓은 숲속에서 자유롭게 날지 않고 고생스럽게 진흙을 물어다 민가의 처마에 집을 짓는 이유를 묻는다. 그러자 제비는 사나운 새들의 공격과 언제 날아올지 모를 사냥꾼의 화살, 그리고 모진 비바람을 피하려면 사람에게 의지하여 살아가는 것이 최고라고 당당하게 항변한다. 세력가에게 빌붙어 살면서 남의 권세가 자기 것인 듯이 으스대는 기회주의적이고 비굴한 사람들의 속내를 의인화한 제비를 통해 드러낸 것이다.

망부석
望夫石

망부산 아래에는 뽀얀 먼지 풀풀 날고　　望夫山下飛埃塵
망부산 위쪽에는 가시나무 빽빽한데　　望夫山上多荊榛
뉘라서 꼼짝 않고 지아비를 기다리다　　何人望夫苦留待
부질없이 바짝 마른 돌덩이로 변했는가　　化爲瘦骨空嶙峋
아침저녁 변함없이 행인들을 바라봐도　　朝朝暮暮望行人
남편이 오지 않아 다시 또 실망하니　　行人非是還傷神
딱딱한 돌이 되어 말은 할 수 없지만　　縱然頑質不解語
남편 오길 기다리는 마음은 한결같네　　望夫之意今猶古
산 아래로 분주하게 오고 가는 사람들　　紛紛山下往來人
지금까지 말 전하니 누가 감히 무시하랴　　至今相傳誰敢侮

한 절개 굳은 여인이 멀리 출정한 지아비를 기다리느라고 매일 산에 올라가서 바라보다가 바위로 변했다는 전설을 소재로 지은 작품이다.

망부석은 중국 무창武昌의 북산北山에 있는 바위이다. 우리나라에도

「정읍사井邑詞」를 비롯해서 여러 곳에 망부석 설화가 전해진다. 이를 보면 망부석이라는 소재에 동양 사람들이 정절을 중시하고 그것을 기념물로 만들어 존경하는 공통된 정서가 담겨 있는 듯하다.

술잔을 들고 달에게 묻다

把酒問月

맑은 하늘 밝은 달이 처마 끝에 다다르니	靑天明月當檐楣
나 지금 술잔 들고 달을 향해 묻노라	我今擧杯仰問之
한 달을 주기로 해 차올랐다 줄어든 게	自經晦朔圓且缺
지금까지 계산하면 몇 년이나 되는 건가	從古至今能幾時
광활한 달 속 세상 몇천 리나 되는 거며	月中茫茫幾千里
어찌하여 달 속에는 찌꺼기가 있는 건가	月中如何有查滓
산과 내와 대지의 그림자가 아닐런가	得非山河大地影
만개한 계수나무 꽃그늘이 아닐런가	得非桂樹花敷蕊
옥토끼가 찧어 만든 환약은 몇 개이며	玉兎擣藥幾作丸
홀로 사는 항아는 누구와 즐기는가	姮娥孤棲與誰歡
달은 해와 별과 함께 으뜸가는 것이건만	天上三光貴無右
어찌하여 두껍에게 먹히고 마는 건가*	如何未免蝦蟆餐
이 모두는 사람들이 알 수 없는 바이므로	是皆下人所未識

* 두껍에게……건가: 월식 月蝕을 가리킨다. 『사기 史記』「귀책열전 龜策列傳」에 "태양은 덕이 되어 천하에 군림하지만 삼족오에게 곤욕을 당하고, 달은 형벌이 되어 태양을 보좌하지만 두꺼비에게 먹힌다. 日爲德而君於天下 辱於三足之烏 月爲刑而相佐 見食於蝦蟆"라고 하였다.

마음을 툭 터놓고 말해 주길 청해 보나　　請言一一開胸臆
천상은 세상에서 까마득히 멀리 있고　　天上人間兩渺茫
달은 본래 말이 없어 응답하지 못하누나　　月本無言應不得
응답하지 못하니 어찌할 수 있으랴　　應不得可奈何
달과 나와 내 그림자 셋이 함께 어울려　　月吾與影同婆娑
밤마다 술 마시고 맑은 노래 부르며　　夜夜對酒而淸歌
길이길이 금빛 물결 펼치게 하겠노라　　長使蟾魄舒金波

이백李白의 칠언고시 「파주문월把酒問月」을 악부체로 지은 작품이다. 우주 과학이 발달한 현대와 달리 옛사람들에게 달은 신비로운 존재였고, 그와 관련된 많은 전설이 있었다. 여기서는 달이라는 물체에 대한 지적인 호기심과 그에 관련된 전설을 들어서 달에게 질문하는 형식을 취하였다. 그러고는 궁금해서 물어봐도 달은 대답해 줄 수 없으니 홀로 술을 마시며 아름다운 달빛을 즐길 뿐이라고 말을 돌린다. 달이 환하게 뜬 밤에 술을 마시며 마음껏 달빛을 감상하는 낭만적인 정취에 취하고 싶게 만드는 시이다.

경박한 사내에게

代閨人答輕薄少年

저는 본래 공경대부 집안에서 자랐는데	妾本公卿大家氏
운이 나빠 경박한 당신에게 시집왔죠	誤嫁春風輕薄子
친정집이 쟁쟁하게 잘나가던 시절에는	妾家門闌方盛時
당신이 나를 품에 넣고 다닐 듯 하더니	君能寘予懷袖裏
중간에 뜻하잖게 집안이 파탄 나자	自從中道遭亂離
당신은 헌 신처럼 날 버리고 말았지요	君反棄予如相遺
당신 마음 처마 밑의 제비와 비슷하여	君心政似堂上燕
따뜻한 데 둥지 짓고 추워지면 떠나네요	附熱營巢寒則辭
새 여인은 옥과 같이 곱디고운 모습인데	新人婉孌貌如玉
본처는 슬피 울며 빈 골에서 늙어 가니	舊人悲啼老空谷
낙엽 같은 내 신세야 가련할 게 없지마는	妾如秋葉不須憐
처가에서 입은 은혜 어찌 생각 안 하나요	不念翁家恩義篤

원제목 '대규인답경박소년代閨人答輕薄少年'은 '규방 여인을 대신해서 경박한 젊은이에게 답하다.'라는 뜻이다. 대갓집에서 곱게 자란

여인이 경박하고 저속한 사내에게 시집갔다가 소박을 맞은 뒤 남편에게 하소연하는 형식이다. 내게 이로울 때는 간장이라도 빼 줄 것처럼 굴다가도 이용할 가치가 없어지면 내팽개치는 각박하고 속된 세태를 풍자한 것이다. 당나라 최호崔顥의 동일 제목 작품을 모방한 것으로 보인다.

삼오칠언
三五七言

봄바람이 불어오면	春風來
봄꽃들이 피어나네	春花開
꽃이 피면 봄이 한창 좋았다가도	花開春正好
꽃이 지면 봄이 도로 꺾여 버리지	花落春還摧
봄이 오고 봄이 가며 사람은 쉬 늙으니	春來春去人易老
그대와 주야장천 꽃 아래서 술 마시리	與君花下長含杯

살구꽃이 떨어지면	杏花飛
복사꽃이 활짝 피네	桃花肥
어제는 꽃이 활짝 피어나더니	昨日花方盛
오늘은 꽃이 벌써 듬성해졌네	今朝花已稀
인생이란 이와 같아 돌아오지 못할지니	人生如此不復歸
그대 부디 젊은 날을 마음껏 즐기시라	願君莫惜金縷衣

삼오칠언三五七言은 당나라 이백에게서 시작된 시체詩體로, 3자,

5자, 7자로 된 구를 차례로 배치하여 한 편의 시를 완성하는 형식이다. 봄날 아름답게 피었다가 쉬 떨어져 버리는 꽃을 바라보며 인생의 무상함을 생각한다. 짧은 인생도 저렇듯 피었다 지고 마는 꽃과 다름이 없으니, 헛된 부귀영화 따위를 탐하지 말고 내게 주어진 삶을 즐기라는 것이다.

제8장

평가

성현에 대한 타인의 기록은 그다지 많이 남아 있지 않다. 문인 김안국金安國 1478~1543 이 지은 「행장行狀」은 성현에 대한 유일한 전기傳記 자료이다. 『연산군일기燕山君日記』에 실린 「졸기卒記」는 실록에 기록된 사관史官의 총평總評이라는 점에서 좀 더 공식적인 평가로 볼 수 있다. 「부휴자전浮休子傳」은 자전自傳 형식의 전기로, 성현 스스로 자신을 어떻게 생각하고 평가했는지를 살펴볼 수 있다는 점이 흥미롭다. 주체와 관점이 다른 「행장」, 「졸기」, 「부휴자전」 세 편의 글을 함께 본다면 성현이라는 인물을 좀 더 심층적으로 이해할 수 있을 듯하다.

행장
行狀

공은 천성이 너그럽고 생각이 툭 트여서 남들과 경쟁하는 일이 없었다. 그래서 벼슬살이에 급급해하지도 않고 이해득실을 따지지도 않았다. 평소 말을 급히 하거나 허둥대는 기색이 없었고, 집안의 종이나 아이들이 잘못을 하더라도 위세와 노여움을 드러내는 법이 없이 온화하게 대하였다. 의복, 음식, 수레와 말, 거처하는 집 등에 전혀 마음을 두지 않아, 해지거나 더러워지더라도 고치거나 꾸미지 않았다. 살림살이에 신경을 쓰지 않아 대대로 물려받은 농지 중 버려진 게 많았다.

항상 새벽닭이 울 무렵에 일어나 방 안에 조용히 앉아서 좌우에 있는 책들을 손에서 놓지 않고 읽었는데, 엄동설한이나 삼복더위에도 그만둔 적이 없었다. 밤에는 달을 대하여 거문고를 연주하며 아득한 생각에 잠기곤 하여, 바라보면 마치 신선 세계에 있는 사람 같았다.

늘 자제들에게 "너희들의 마음가짐이 나와 같다면 학업을 성취하는 데 아무 어려움이 없을 것이다."라고 타일렀으며, 한번은 "미워하는 것은 아첨이요, 바라는 것은 충성이다.所惡

是諂諛 所欲惟忠藎"라는 시를 지어서 두 아들에게 써 주고 외우게 하였다. 평소 권세 있고 지체 높은 사람들을 찾아가기를 좋아하지 않았고, 만나러 오는 사람이 있어도 그다지 환대하지 않았다. 그 때문에 직위가 판서까지 이르렀지만 집 앞 골목이 고요하였다.

오직 산수山水 유람을 좋아하여 집에 있을 때도 늘 강호의 아름다운 경치를 생각하였고, 이름난 산이나 명승지가 있다고 하면 아무리 멀어도 찾아가지 않은 곳이 없었다. 일찍이 승지承旨로 있다가 파직되었을 때는 인천군仁川君 채수蔡壽와 금강산을 유람하기로 약속하고, 허름한 평상복 차림으로 아이종 두어 명만 대동한 채 승경을 모두 찾아다니며 실컷 구경하였다. 종들에게 이름과 직책을 말하지 말라고 주의를 주었기 때문에 왕래한 고을에서 누구인지 아는 사람이 없었다. 그 소탈한 성품이 이와 같았다.

젊었을 때에 교성군交城君 노공필盧公弼 1445~1516 등 여러 벗들과 거문고를 배웠는데 공이 홀로 그 묘리를 터득하였고, 음악을 통달하여 장악원掌樂院의 겸관兼官과 제조提調를 지내면서 20여 년간 악률樂律을 많이 바로잡았다. 성종成宗이 일찍이 문사文士들에게 명하여 악장樂章을 정리하게 하였을 때 모두들 사양하며 공을 추천하였다. 오늘날의 여러 『합자보合字譜』와 『악학궤범』은 모두 공이 편찬한 것이다. 그러므로 사람들이 당시에 음률을 아는 사람은 공 한 사람뿐이라고 칭송하였다.

두 번 성균관 대사성成均館大司成이 되었고, 또 동지성균관사同知成均館事가 되었다. 문광공文匡公 홍귀달洪貴達을 이어 문형文衡을 맡아 유학儒學을 흥기시키는 것을 자신의 임무로 삼았고, 여러 차례 과거 시험을 관장하여 인재를 매우 많이 얻었다.

공이 세상을 떠났을 때는 친분이 있든 없든 모두 슬퍼하고 애석해하였다. 문생門生, 옛 관속官屬, 동료 관원, 친척 등이 찾아와서 조문하느라 길에 행렬이 끝없이 이어졌다.

공은 제자백가諸子百家의 글과 여러 역사서를 탐구하지 않은 것이 없었다. 문장은 기상이 웅대하고 내용이 풍부하였으며, 글귀를 다듬고 수식하는 데 마음을 쓰지 않았다. 시는 더욱 호방하고 굳세었다. 그리하여 당대의 훌륭하고 방대한 저작이 모두 공의 손에서 나왔다. 지은 책은 『허백당시집虛白堂詩集』 15권, 『허백당보집虛白堂補集』 5권, 『허백당문집虛白堂文集』 15권, 『풍아록風雅錄』 상하권, 『부휴자담론浮休子談論』 6권, 『주의패설奏議稗說』 6권, 『용재한화慵齋閑話』 12권, 『금낭행적錦囊行跡』 43권, 『상유비람桑楡備覽』 40권이고, 『경륜대궤經綸大軌』 50여 권은 미처 완성하지 못한 채 세상을 떠났다. 편찬한 『풍소궤범風騷軌範』 30권은 간행되었고, 기타 왕명으로 지은 여러 책과 응제시應製詩, 응제문應製文도 이 정도 분량이 된다.

아! 하늘이 큰 인재를 내는 것이 일정한 때가 있는 것은 아니지만, 우리 조선이 백여 년간 태평 시대를 누리고 또 성종대왕께서 문치에 더욱 힘을 기울이시는 시기에 공이 산악山嶽의 빼어난 기운을 한 몸에 지니고 태어났다. 그리하여 영원토록 이어질 빛나는 국운國運에 호응하여 문장과 덕업으로 세상에 크게 이름을 떨치고 국가의 사업을 아름답게 꾸며 그 찬란한 빛이 사방으로 퍼지게 하였으니, 이것이 어찌 우연이겠는가. 당시 문장으로 이름난 분들이 많았지만, 방대하게 저술하고 광범위하게 수집한 점으로 말하자면 공만 한 분이 없었다. 그러므로 사람들이 공을 '대문장가大文章家'로 추대한 것이다. 후략

중종 3년1508 문인인 모재慕齋 김안국이 지은 「행장」의 일부이다. 이 「행장」은 성현이 갑자사화 때 부관참시되었다가 신원된 뒤 지어진 것인데, 성현의 전 생애를 다룬 유일한 글로서 그에 대한 당대인의 평가를 살펴볼 수 있는 자료이다.

성현은 소탈하고 너그러운 성품의 소유자로서, 부귀영화를 추구하지 않고 책과 시와 거문고와 유람을 좋아하였으며, 음악과 문학에 조예

가 깊었고, 보기 드물 정도로 방대한 저술을 남긴 인물이라고 하였다. 문치文治의 꽃을 피운 성종 대에 문예文藝로 이름을 떨치고, 연산군 초기에 대제학이 되어 한 시대의 문풍을 실질적으로 주도하였던 그였다.

그의 저술은 놀라울 정도로 방대하다. 평생 부지런히 독서하고 쉴 새 없이 저술에 힘을 기울였다는 말이 허언이 아님을 확인하게 한다. 다만 『금낭행적』 등 많은 책들이 현재 전하지 않는 것이 매우 아쉽다.

졸기
卒記

지중추부사知中樞府事 성현이 졸卒하였다.

성현의 자는 경숙磬叔이고 본관은 창녕昌寧이다. 천순天順 임오년1462 문과에 합격하여 승문원에 들어갔으며, 성화成化 병술년1466에 발영시拔英試에 합격하여 박사博士로 승진하고, 여러 번 벼슬을 옮겨 사헌부 지평에 이르렀다. 병신년1476에 중시重試에 합격한 뒤 품계를 건너뛰어 사옹원정司饔院正, 지제교知製敎에 제수되었다. 얼마 뒤 홍문관 직제학에 제수되었다가 부제학으로 승진하였다. 이어 승정원 동부승지로 옮겼다가 여러 번 전임하여 우승지가 되었고, 특별히 형조 참판으로 승진하였다. 강원도와 평안도의 관찰사, 한성부 우윤, 한성부 판윤, 사헌부 대사헌, 예조와 공조의 판서를 역임하고, 홍문관 대제학과 지성균관사知成均館事를 겸임하였는데, 졸할 때 나이가 66세였다.

갑자사화 때 연산군이 과거에 간언諫言한 사람을 소급하여 처벌하면서 모두 중형에 처했는데, 성현도 부관참시의 형벌을 받았다가 중종반정 뒤에 의정부 좌찬성으로 추증追贈되었다.

성품이 소탈하고 툭 트여 겉치레를 일삼지 않았으며, 집안 살림에 신경을 쓰지 않고 오직 독서와 저술을 즐거움으로 삼았다.

문장이 웅건하고 노련하여 오랫동안 문형文衡을 맡았다. 저서로 『허백당집虛白堂集』 등이 있다. 또 음률音律에 정통하여 늘 장악원 제조를 겸임하였다. 다만 관리로서의 재간이 없고 현실에 어두워서 하는 일에 큰 공적을 세우지는 못했다.

1504년 연산군 10 1월 19일 『연산군일기』에 실린 성현의 「졸기」이다. 실록의 「졸기」는 조정의 고위 관료가 죽었을 때 사관이 그의 생애를 총평한 글이다.

「졸기」를 보면 성현은 1462년 승문원에 들어가서 1501년 지중추부사로 현직에서 물러날 때까지 약 40년 동안 벼슬살이를 하였다. 하지만 그가 역임한 관직은 권력의 핵심적인 직책과 거리가 있었던 게 사실이다. 오랜 기간 예문관이나 홍문관 등 문한文翰의 직임에 종사하고, 예조와 장악원에서 예악禮樂을 담당하였다. 따라서 '관리로서 재간이 없고 현실에 어두웠다.'는 사관의 평가는 그가 맡았던 직무의 성격과 관련해서 이해해야 할 듯하다. 오히려 그가 권력을 휘두르거나 실적을 내세울 만한 요직에 있지도 않았고 관심도 없었음을 뜻하는 말로 하석할 수도 있다. 실제로 그가 언론을 담당하는 삼사三司의 직책을 맡았을 때는 조정의 정책이나 관리들의 부정에 대해 비판적인 의견을 개진하였고, 평안도와 강원도 관찰사로 있을 때는 해당 지역 백성들의 고충을 해결하기 위해 조정에 강력히 요청하였던 일들이 실록에도 다수 보인다.

그런 측면에서 볼 때 성현에 대한 사관의 평가는 왠지 좀 박하다는 느낌이 드는 게 사실이다. 그에 대한 전기 자료가 김안국이 지은 「행장」 한 편밖에 없다는 것에서도 알 수 있듯이, 성현 사후 그에 대한 평가는 그리 우호적이지 않았던 듯하다. 이는 연산군 4년에 무오사화로 훈구파와 신진 사류 간의 대립이 격화되고, 중종 이후 사림파가 정국을 주도하면서 훈구 세력을 공격하고 비판한 것과 무관하지 않아 보인다. 성현은 평소 김종직 등 사림파 인사들과 널리 교유하고 인간관계가 원만하였지만, 무오사화 때는 훈구파와 입장을 같이할 수밖에 없었다. 문학적으로 관학파로 분류되고 조선 건국에 공을 세운 혁혁한 가문 출신인 그였기에, 사림파가 주도하던 후세에 적절한 평가를 받지 못한 것이 아닐까 생각해 본다.

부휴자전
浮休子傳

부휴자浮休子는 청파거사靑坡居士의 자호自號이다. 거사는 진실하고 꾸밈이 없으며, 순수하고 근실하며 질박하고 곧다. 남에게 청탁하는 법이 없고, 권세가의 집을 찾지 않으며, 환영하거나 전송하는 술자리에 참석하지 않는다. 의식주에도 그다지 신경을 쓰지 않아, 맛있는 음식과 좋은 의복을 얻었다 해서 흡족하게 여기지도 않고, 나쁜 옷을 입고 형편없는 음식을 먹는다 해서 못마땅하게 여기지도 않는다. 그렇지만 천성이 매우 부지런하여 경서經書와 사서史書 보기를 좋아하니, 어떤 사람이 그 오활함을 비판하였다. 거사가 말하였다.

"내가 오활한 것일까? 나는 세상일에는 오활하지만 학문에는 오활하지 않다. 남이 보기에는 오활할지 몰라도 나 자신에게는 오활하지 않다. 경서를 읽어서 내 마음을 다스리고, 사서를 읽어서 일의 밑천으로 삼는다. 이와 같을 뿐인데 내가 오활한 것인가?"

거사가 시 짓기를 좋아하니, 어떤 사람이 그 졸렬함을 비판하였다. 거사가 말하였다.

"그렇지 않다. 시는 성정性情을 담고 사물의 이치를 갖추며 풍속을 징험하고 선악을 알 수 있게 한다. 벼슬에서 물러나 있을 때는 흥이 나는 대로 시상을 가다듬으며 세월을 보내고, 출사하면 아송雅頌을 지어 나라의 다스림을 보좌하니, 어찌 쓸데없이 읊조리는 것이겠는가. 무식하기 이를 데 없으면서 이익을 얻으려고 온갖 교묘한 술수를 쓰는 세상 사람을 졸렬하다고 해야지 내가 졸렬한 게 아니다."

거사가 거문고 타기를 좋아하니, 어떤 사람이 방종하다고 비판하였다. 거사가 말하였다.

"나는 소리를 아름답게 내려는 것이 아니라 율려律呂 12개의 음조音調를 고르게 하려는 것이고, 쾌락을 추구하는 것이 아니라 중화中和의 덕을 이루려는 것이며, 그저 읊고 노래하는 것이 아니라 가슴속의 나쁜 기운을 씻어 내려는 것이다. 이것이 바로 옛날 군자들이 특별한 일이 없으면 늘 거문고를 곁에 두었던 이유이다. 그런데도 내가 방종한 것인가?"

거사가 산수를 찾아다니기 좋아하니 어떤 사람이 한가롭고 고요한 것을 좋아한다며 비판하였다. 거사가 말하였다.

"원림園林을 거니는 것은 정취를 즐기고자 함이요, 때때로 낚시하는 것은 야외에서 좋은 구상을 하고자 함이니, 이는 하루 동안의 한가함으로 여유를 즐기려는 것이다. 내가 산속에 은거하여 돌을 베개 삼고 시냇물로 양치를 하려는 것인가, 세상을 버리고 떠나 홀로 살아가겠다는 것인가?"

어떤 사람이 수양修養하는 방도를 묻자 거사가 답하였다.

"담담하여 꾀하는 것이 없고 고요하여 사욕이 없으며, 궁색하여도 부족하게 여기지 않고 곤궁하여도 위축됨이 없어야 한다. 생각도 없고 애씀도 없는 데서 소요하고, 명예도 없고 허물도 없는 데서 자유자재로 노닐며, 욕심도 없고 감정도 없는 데서 서성이며, 옳음도 없고 그름도 없으며 형체도 없고 현상도 없는 데까지 이르러야 한다. 이와 같다면 거의 도에 가까워 지인至人의 경지에 들어갈 수 있을 것이다."

어떤 사람이 부휴자라고 자호한 의미를 묻자 거사가 답하였다.

"살아서 세상에 잠시 머무는 것은 물 위에 둥둥 떠 있는 것과 같고, 죽어서 세상을 떠나는 것은 쉬는 것과 같다. 높은 수레와 좋은 말을 타고 고관대작高官大爵의 인장印章을 차고서 재상들이 이용하는 도로를 달린다고 해도, 그 높은 벼슬은 우연히 이른 것이지 본래부터 내게 있었던 게 아니다. 정신을 수습하고 숨을 거둔 뒤 형체와 혼백이 변화하여 무덤으로 들어가는 것은, 본래의 상태로 돌아감이니 내가 피할 수가 없다. 내적으로 도를 즐겨 죽고 사는 것이 마음을 어지럽게 하지 않는다면, 둥둥 떠 있는 듯한 삶이 영화로울 게 무엇이며, 쉬는 듯한 죽음이 또 슬플 게 무엇이겠는가. 나는 도를 스승으로

삼으며 외물을 사모하지 않는다." 후략

성현이 쓴 자전적 전기 「부휴자전」의 일부이다. 여기 나오는 부휴자나 청파거사는 모두 성현의 호이다. 그는 자신의 호를 부휴자로 정한 이유를, 인간이 세상에 잠시 사는 것이 물 위에 떠 있는 것과 같기 때문이라고 설명하였다. 물 위에 떠서 물결에 몸을 맡기듯이 세상 돌아가는 대로 잠시 살고 가는 사람을 의미하는 자호에서 그의 가치관과 사람됨을 짐작할 수 있다.

부휴자는 솔직하여 꾸밈이 없으며 순수하고 질박하다. 출세하기 위해 남에게 청탁을 넣지도 않고, 권세 있는 사람의 집을 기웃거리지도 않는다. 떠들썩한 환영 행사나 송별연에 참석하지 않으며, 돈을 벌려고 아등바등하지도 않는다. 그렇지만 성품이 부지런하여 경전과 역사책 보는 것을 좋아하고, 시 짓고 거문고 연주하기를 즐기고, 경치 좋은 곳을 유람하기를 좋아한다.

성현은 자신을 세상살이에 오활하지만 학문에는 부지런한 사람, 시 짓기와 거문고 타기를 좋아하고 산수를 유람하기 좋아하는 사람, 물질적 욕망과 무관한 자유로운 영혼의 소유자라고 자신을 소개한 것이다. 그러고는 다음과 같이 찬贊을 지어 「부휴자전」을 끝맺었다.

드높게 솟은 산이	山之高
작은 언덕 포개져서 하늘까지 닿았듯이	累群塿而極乎天
한없이 깊은 물이	水之深
수많은 내가 모여서 깊은 못을 이뤘듯이	集衆流而成乎淵
선생의 도는	先生之道
여러 선이 모여서 완전함을 이뤘도다	聚諸善而成大全

| 연보 |

1439년 세종 21, 1세

- 부친 지중추부사 성염조成念祖와 모친 순흥 안씨順興安氏의 셋째 아들로 태어났다.

1450년 세종 32, 12세

- 부친상을 당하였다. 이후로 큰형 성임成任과 둘째 형 성간成侃에게 수학하였다.

1456년 세조 2, 18세

- 둘째 형 성간의 상을 당하였다.

1459년 세조 5, 21세

- 진사시에 합격하였다.

1462년 세조 8, 24세

- 문과에 합격하여 승문원에 들어갔다.

1463년 세조 9, 25세

- 예문관검열 겸 춘추관기사관이 되었다.
- 10월에 홍문관 정자를 겸하였다.

1464년 세조 10, 26세

- 7월에 의정부 녹사를 겸하였다.
- 젊은 문사文士를 진작하기 위해 선발한 겸예문兼藝文에 뽑혔다.
- 문신과 유생 대상의 대책對策에서 3등으로 입격入格하였다.

1465년 세조 11, 27세

- 예문관 대교로 승진하였다.

1466년 세조 12, 28세

- 2월에 의정부 사록이 되었다.
- 5월에 발영시拔英試에 합격하였다.
- 7월에 예문관봉교 겸 승문원박사가 되었다.
- 12월에 왕명에 따라 이맹현李孟賢 등과 함께 『대명률大明律』을 읽었다.

1467년 세조 13, 29세

- 10월에 행 세자시강원사경 겸 승문원부교리가 되었다.
- 12월에 왕명에 따라 정인지鄭麟趾 등과 함께 『시경詩經』의 구결口訣을 교정하였다.

1468년 예종 즉위, 30세

- 10월에 종학사회 겸 경연시강관이 되었다. 예종 즉위 후 정선하여 뽑은 경연관 6명에 들었다.

1469년 예종 1, 31세

- 윤2월에 겸 경연검토관 예문관응교 지제교 승문원부교리가 되었다.
- 7월에 시강원 사경을 겸하였다.
- 9월에 모친상을 당하였다.

1470년 성종 1, 32세

- 4월에 예문관 겸관이 되었다.

1471년 성종 2, 33세

- 모친상이 끝난 뒤 예문관수찬 겸 승문원교검이 되었다.

1472년 성종 3, 34세

- 1월에 한훈질정관漢訓質正官으로, 진하사進賀使인 형 성임을 따라 중국에 갔다. 이때 수창酬唱한 작품을 『관광록觀光錄』으로 엮었다. 중국으로 가는 길에 10여 일 동안 금강산을 유람하였다.
- 9월에 경연에서 풍재風災를 입은 백성의 구휼을 청하였다.

1473년 성종 4, 35세

- 8월에 예문관부교리 지제교 겸 경연시독관 승문원교리가 되었다.

1474년 성종 5, 36세

- 1월에 사헌부 지평이 되었다.
- 3월에 경연에서 전라도 토호 송익손宋益孫의 죄를 다스리기를 청하였다.
- 4월에 언사言事로 인해 한성부 판관으로 좌천되었다.
- 5월에 전라도 도사로 나가게 되었으나, 의정부의 요청으로 성균관 직강에 제수되었다.
- 7월에 예문관 부교리가 되었다.

1475년 성종 6, 37세

- 1월에 선농제先農祭의 대축大祝이 되어 아마兒馬 1필을 하사받았다.
- 사은사謝恩使 한명회韓明澮의 종사관으로 중국에 갔다.
- 9월에 회간왕懷簡王 성종의 생부로 뒤에 덕종德宗으로 추존됨을 부묘祔廟하는 것이 온당하지 않다는 의견을 올렸다.
- 10월에 음률에 밝아 특별히 선발되어 장악원 첨정을 겸하였다.

1476년 성종 7, 38세

- 2월에 홍문관 교리가 되었다.

- 4월에 중시에 합격하여 사옹원 정이 되었다.

1477년 성종 8, 39세

- 3월에 채수蔡壽, 안침安琛, 허침許琛, 조위曺偉 등과 함께 송도松都 일대를 유람하였다.
- 5월에 부산포釜山浦로 내려가 유구琉球 사신 내원리주內原里主 등을 맞이하여 함께 한양으로 올라왔다. 7월에 다시 부산포로 내려가 유구 사신을 전송하였다. 이때 두 차례 영남을 왕래하면서 영남의 여러 지역과 명승지에 들러 많은 시를 남겼다.

1478년 성종 9, 40세

- 2월에 승문원 판교가 되었다.
- 6월에 홍문관 직제학이 되었다.
- 9월에 홍문관 부제학이 되었다.
- 11월에 홍문관 동료들과 함께 치도治道에 관한 8조條의 상소를 올렸다. 내용은 학문에 힘쓸 것, 간쟁을 받아들일 것, 간사한 소인배를 내칠 것, 인재를 널리 구할 것 등이었다.

1479년 성종 10, 41세

- 1월에 과거科擧를 너무 자주 실시하는 폐단에 대해 아뢰었다.
- 3월에 경연에서 성안에서의 음사淫祀를 금지할 것, 조강朝講을 빠뜨리지 말 것, 종친의 활쏘기에 대신臺臣과 사관史官을 입시하게 할 것을 청하였다.
- 4월에 사간원 대사간이 되었다.

1480년 성종 11, 42세

- 1월에 홍문관 부제학이 되었다.
- 3월에 왕명으로 여러 관원들과 함께 기영회耆英會의 활쏘기에 참

석하였다. 명나라 사신 태감太監 정동鄭同 등을 맞이할 도사 선위사都事宣慰使가 되었다.

- 4월에 승정원 동부승지가 되었고, 이후 우부승지, 좌부승지, 우승지가 되었다.

1481년 성종 12, 43세

- 4월에 명나라 사신을 영접할 도감都監의 낭청郎廳을 불공정하게 추천하였다 하여 여러 승지들과 함께 파직되었다. 이때 같이 파직된 채수 등과 함께 관동 지방을 유람하였다.
- 11월에 다시 벼슬을 제수받을 수 있도록 조처되었다.

1482년 성종 13, 44세

- 호군護軍에 제수되었다.
- 3월에 장례원 판결사가 되었다.
- 8월에 공조 참의가 되었다.

1483년 성종 14, 45세

- 2월에 승정원 우승지가 되었다.
- 5월에 정주 선위사定州宣慰使가 되었다.
- 10월에 형조 참판이 되었다.
- 11월에 강원도 관찰사가 되었다. 강원도의 벌목 작업이 과다하다는 이유로 각 관사의 수리修理 일정을 조절하도록 요청하였다.

1484년 성종 15, 46세

- 6월에 강원도 각 고을에 사서四書와 오경五經을 내려 주기를 청하였다.
- 8월에 강원도 임지에서 큰형 성임의 부음을 들었다.
- 10월에 동지중추부사가 되었다.

- 『풍소궤범 風騷軌範』을 편찬하였다.

1485년 성종 16, 47세

- 2월에 행 첨지중추부사가 되었다.
- 윤4월에 천추사 千秋使로 중국에 갔다가 10월에 돌아왔다.
- 11월에 한성부 좌윤이 되었다.

1486년 성종 17, 48세

- 1월에 한성부 우윤이 되었다.
- 2월에 평안도 관찰사가 되었다.
- 10월에 평안도 지역의 양전 量田을 중지하기를 청하는 상소를 올렸으나 받아들여지지 않았다.

1487년 성종 18, 49세

- 봄에 넷째 아들 성세안 成世安이 죽었다.

1488년 성종 19, 50세

- 2월에 명나라 사신 동월 董越·왕창 王敞 등과 수창 酬唱하였다.
- 3월에 동지중추부사가 되었다.
- 7월에 표류하여 절강성 浙江省에 도착한 홍문관 교리 최부 崔溥 등 43명을 돌려보내 준 일을 사례하기 위한 사은사로 중국에 갔다.

1489년 성종 20, 51세

- 봄에 둘째 아들 성세통 成世通이 죽었다.
- 6월에 성균관 대사성이 되었다.
- 10월에 왕명을 받들어 월산대군 月山大君 문집의 서문을 지었다.

1490년 성종 21, 52세

- 5월에 왕명을 받들어 「쌍화곡 雙花曲」, 「이상곡 履霜曲」, 「북전가 北殿歌」 중 음란한 가사를 개정하였다.

- 12월에 겸 동지성균관사가 되었다.

1492년 성종 23, 54세

- 장남 성세형成世亨이 진사시에 합격하였다.

1493년 성종 24, 55세

- 윤5월에 사헌부 대사헌이 되었다. 왕자들을 종학宗學에 취학시키기를 건의하였다.
- 7월에 외척 윤은로尹殷老를 한성부 좌윤에 제수한 조처에 대해 반대하며 여러 차례 상소하였다. 성종이 성현을 경상도 관찰사로 임명하였으나, 악률樂律 산정刪定을 맡고 있어서 안 된다는 논의가 제기되자 8월에 예조 판서로 임명하였다. 이후 4년 가까이 예조 판서로 재직하였다.
- 유자광柳子光 등과 함께 『악학궤범樂學軌範』을 편찬하였다.
- 9월에 관상감觀象監, 사역원司譯院, 전의감典醫監, 혜민서惠民署 등 관원을 문무 관원 반열에서 제외하는 조처에 반대하고, 잡학雜學을 권장하기를 요청하였다.
- 11월에 세자시강원 우빈객을 겸하였다.

1494년 성종 25, 56세

- 12월에 성종이 승하하자 빈전도감 제조로서 국장을 관장하였다.

1496년 연산군 2, 58세

- 12월에 지중추부사가 되었다.

1497년 연산군 3, 59세

- 허연許衍에게 시집간 차녀가 죽었다.
- 9월에 한성부판윤 겸 동지경연사 예문관제학 홍문관제학이 되었다.

1498년 연산군 4, 60세

- 봄에 아내 한산 이씨韓山李氏가 죽었다.
- 9월에 겸 동지경연사가 되었다.

1500년 연산군 6, 62세

- 1월에 공조 판서가 되었다.
- 7월에 홍문관과 예문관의 대제학을 겸하여 문형文衡을 관장하였다. 홍귀달洪貴達, 권건權健 등과 함께 『역대명감歷代明鑑』을 찬술하였다.
- 9월에 사헌부 대사헌이 되었다.
- 10월에 대사간 이예견李禮堅 등과 함께 내수사의 장리長利 등에 대해 아뢰었다. 각 관사의 노비를 내수사로 이속移屬시키는 것이 부당함을 아뢰었다.
- 12월에 『역대제왕시문잡저歷代帝王詩文雜著』를 편찬하였다.

1501년 연산군 7, 63세

- 1월에 기상 이변이 있어 신하들에게 바른말을 구하자 상소하여 학문과 정사를 닦기를 청하였다.
- 봄에 차남 성세창成世昌이 생원시와 진사시에 모두 합격하였다. 성세창은 인종仁宗 때 좌의정을 지냈고, 홍문관과 예문관의 대제학이 되어 부자가 대를 이어 문형에 오르는 영광을 누렸다. 을사사화에 연루되어 유배지에서 죽었는데, 선조 때 관직이 회복되었다.
- 7월에 상소하여 장성長城 축조를 중지할 것을 청하였다.
- 8월에 지중추부사가 되었다.
- 10월부터 병을 앓았다. 왕이 내의를 보내 병세를 살피고 약을 하사하였다.

1504년 연산군 10, 66세

- 1월 9일에 졸하였다.
- 3월에 파주坡州 서면西面 두견봉杜鵑峯 아래에 장사 지냈다.
- 8월에 대사헌으로 재직할 때 간언한 일로 추죄追罪되어 부관참시剖棺斬屍되고, 아들 성세형과 성세창은 장배杖配되었다.

1506년 중종 1

- 의정부 좌찬성에 추증追贈되고, '문대文戴'라는 시호가 내렸다.

1508년 중종 3

- 4월에 문인 김안국金安國이 「행장行狀」을 지었다.

1525년 중종 20

- 경주부에서 『용재총화慵齋叢話』 10권을 간행하였다.

1540년 중종 35

- 11월에 문인 홍언필洪彦弼이 『허백당집』의 서문을 썼다. 이 무렵 장남 성세창이 문집을 간행한 것으로 추정된다.

1842년 헌종 8

- 후손 성재항成載恒 등이 『허백당집』 8책을 중간하였다.

| 참고 문헌 |

원전

『성종실록』

『세조실록』

『연산군일기』

『예종실록』

김안로, 『용천담적기』『대동야승』 소재, 민족문화추진회, 1971.

김종직, 『점필재집』, 한국문집총간12, 민족문화추진회, 1988.

서거정, 『사가집』, 한국문집총간10~11, 민족문화추진회, 1988.

성현, 『용재총화』, 경산대학교 개교20주년기념사업단 학술행사위원회, 2000.

성현, 『용재총화』『대동야승』 소재, 민족문화추진회, 1971.

성현, 『허백당집』, 규장각한국학연구원.

성현, 『허백당집』, 한국문집총간14, 민족문화추진회, 1988.

유호인, 『뇌계집』, 한국문집총간15, 민족문화추진회, 1988.

이긍익, 『연려실기술』, 경문사, 1976.

채수, 『나재집』, 한국문집총간15, 민족문화추진회, 1988.

역서

『어우야담』, 신익철 등 역, 돌베개, 2006.

단행본 및 논문

강문식 등, 『15세기 조선의 때 이른 절정』, 민음사, 2014.

조동일, 『한국문학통사』 2, 지식산업사, 1994.

한영우, 『다시 찾는 우리 역사』, 경세원, 2014.

홍순석, 『성현문학연구』, 한국문화사, 1992.

김동준, 「성현의 삶과 시세계」, 『한국한시작가연구』 3, 한국한시학회, 1998.

이래종, 「용재 성현의 문학론」, 『한문학논집』 5, 근역한문학회, 1987.

이정원, 「성현의 문학사상」, 『한국고시가문화연구』 11, 한국고시가문화학회, 2003.

황위주, 「조선전기 악부시 연구」, 고려대학교 박사학위논문, 1989.

기타

국사편찬위원회 조선왕조실록 http://sillok.history.go.kr

국사편찬위원회 한국역사정보시스템 http://www.koreanhistory.or.kr

한국고전번역원 한국고전종합DB http://db.itkc.or.kr

지은이 _ 성현 成俔, 1439 ~1504

조선 초기 관각 문학을 계승한 관학파 관료이다. 자는 경숙 磬叔, 호는 용재 慵齋 · 부휴자 浮休子 · 허백당 虛白堂 · 국오 菊塢, 시호는 문대 文戴이며, 본관은 창녕 昌寧이다. 고시와 악부시에 뛰어났으며, 민간의 풍속이나 백성들의 삶의 모습을 사실적으로 노래하였다. 한때 홍문관과 예문관의 대제학을 겸하여 당대의 문풍을 실질적으로 주도하였다. 음률에 밝아 『악학궤범 樂學軌範』 편찬에 기여하였고, 조선 초기의 정치, 사회, 문화, 제도, 풍속을 다룬 『용재총화 慵齋叢話』를 남겼다.

옮긴이 _ 조순희 趙順姬

국민대학교 대학원에서 조선시대사로 석사 학위를 받았다. 한국고전번역원 부설 고전번역교육원에서 한문을 공부하고, 현재 고전번역교육원 교수로 재직 중이다. 번역서로 『홍재전서』, 『기언』, 『명재유고』, 『회재집』, 『송서, 길 떠나는 그대에게』 등이 있다.

허백당시집

성현 지음 | 조순희 옮김

2017년 9월 20일 초판 1쇄 발행

발행인 신승운
발행 한국고전번역원 | 등록 2008. 3. 12. 제300-2008-22호
주소 03000 서울특별시 종로구 비봉길 1
전화 02-6263-0464 | 팩스 02-6339-0724 | 홈페이지 www.itkc.or.kr

기획 한국고전번역원
책임편집 한문희 | 편집 박지은 박현진 변구일 천현주
디자인 씨오디 | 인쇄 (주)나인애드

값 12,000원
ISBN 978-89-284-0490-2 04080

* 이 책은 교육부로부터 인문학 진흥을 위한 저서출판지원을 받아 출간하였습니다.